ALLES ÜBER DAS EINE

WERNER BARTENS & SEBASTIAN HERRMANN

ALLES ÜBER DAS EINE

Eichborn

Für Silke, Julia und unsere Mütter

1 2 3 08 07

Umschlaggestaltung: Christiane Hahn
Layout und Satz: Klaus Schneider
Druck und Bindung: Clausen & Bosse, Leck

ISBN 978-3-8218-5652-0

Verlagsverzeichnis schickt gern:
Eichborn Verlag, Kaiserstraße 66, D-60329 Frankfurt am Main
www.eichborn.de

FORSCHER HABEN HERAUSGEFUNDEN 1

Orgasmus ist nicht gleich Orgasmus. Mit dieser Feststellung gaben sich **Stuart Brody** und **Tillmann Krüger** nicht zufrieden. Deshalb ließen die beiden Forscher der britischen Universität Paisley und des Schweizer Bundesinstituts für Technologie in Zürich Probanden im Dienste der Wissenschaft Erotikfilme betrachten. Dann mussten die Testpersonen masturbieren oder miteinander schlafen. Nach dem Orgasmus maßen die Forscher die Konzentration des Hormons Prolaktin im Blut der erschöpften Liebhaber und Onanisten. Das Ergebnis: Bei denjenigen, die ihren Orgasmus durch Geschlechtsverkehr hatten, war die Konzentration des Hormons, das beim Höhepunkt ausgeschüttet wird, um 400 Prozent höher. Brodys und Krügers Schlussfolgerung: Sex mit einem Partner ist 400 Prozent besser als Sex mit sich selbst.

FORSCHER HABEN HERAUSGEFUNDEN 2

Auf welchen Typ Frau ein Mann steht, hängt davon ab, ob er satt oder hungrig ist. Psychologen der Universität Newcastle in Großbritannien fanden heraus, dass hungrige Männer füllige Frauen als attraktiver bewerten als Männer, denen es nicht nach Essen gelüstete.

FORSCHER HABEN HERAUSGEFUNDEN 3

Manche Menschen zählen nicht nur beim Essen die Kalorien, sondern auch beim Sex. Diesen Zeitgenossen hat **David Weeks** vom Royal Edinburgh Hospital in Schottland nun einen weiteren Ansporn zur körperlichen Vereinigung geben: Frauen und Männer, die täglich Sex haben, so fand der Neuropsychologe heraus, sehen angeblich zehnmal jünger aus als Menschen, die nur auf eine Koitusfrequenz von zweimal pro Woche kommen. Der Grund: Endorphine, Dopamin und weitere Glücksbotenstoffe, die beim Akt ausgeschüttet werden, scheinen den Körper in Schuss zu halten.

FORSCHER HABEN HERAUSGEFUNDEN 4

1956 entdeckten US-Forscher das neuronale Lustzentrum, und zwar zunächst bei Ratten. **James Olds** und **Peter Milner** implantierten den Versuchstieren Drähte direkt in das Dopaminsystem ihres Gehirns. Die Ratten konnten sich damit per Knopfdruck über die Leitungen selbst stimulieren. Die Folge: Die Tiere waren von diesem Orgasmus auf Knopfdruck so angetan, dass sie völlig vergaßen zu essen und zu trinken. Angesichts eines ständig und leicht wiederholbaren Lustgewinns verloren andere Triebe für die Tiere offenbar ihren Reiz.

FORSCHER HABEN HERAUSGEFUNDEN 5

Männer fürchten sich vor Frauen mit geistreichem Humor. Das steht im krassen Gegensatz zum häufig geäußerten Wunsch, ein Partner solle doch witzig sein. Die amerikanischen Wissenschaftler **Eric Bressler**, **Rod Martin** und **Sigal Balshine** fanden nun heraus, dass vor allem junge Männer in ihren Zwanzigern lieber Frauen treffen, die über ihre Witze lachen, als über die der Frau lachen zu müssen – zumindest wenn es den Humor-Egozentrikern um Sex geht. Frauen gaben den Forschern dagegen zu Protokoll, dass sie sehr wohl auf der Suche nach Männern seien, welche sie zum Lachen bringen können.

FORSCHER HABEN HERAUSGEFUNDEN 6

In Ländern, in denen beide Geschlechter gleichberechtigten Status haben, sind die Menschen, die älter als 40 Jahre sind, mit ihrem Sexleben zufrieden. Ihre Altersgenossen in Ländern, in denen Männer einen dominanten Status haben, sind mit ihrem Sexualleben dagegen weitaus weniger glücklich. Das ermittelten Soziologen der Universität Chicago mit der Befragung von 27.500 Menschen zwischen 40 und 80 Jahren in 29 Ländern. Am zufriedensten mit ihrem Sexleben waren demnach die Österreicher, gefolgt von Amerikanern, Spaniern und Kanadiern. Am Ende der Liste stehen Japan und Taiwan.

FORSCHER HABEN HERAUSGEFUNDEN 7

Konkurrenz belebt das Geschäft: Wissenschaftler der Universität Liverpool in Großbritannien haben entdeckt, dass Mäusemännchen sehr viel schneller ejakulieren, wenn beim Geschlechtsverkehr ein männlicher Rivale in der Nähe ist. Dieses Verhalten sei auch auf andere Säugetiere übertragbar, etwa den Menschen, sagen die Forscher.

FORSCHER HABEN HERAUSGEFUNDEN 8

Männer bevorzugten bereits vor 10.000 Jahren Blondinen. So argumentieren Anthropologen der Universität St. Andrews in Schottland. Demnach waren Männer damals wegen der gefährlichen Jagd und der Nahrungsmittelknappheit in Nordeuropa in der Unterzahl und konnten bei der Partnerwahl besonders kritisch sein. Und sie entschieden sich für die Frauen, die anders aussahen als die Mehrheit und etwas Besonderes an sich hatten: blaue Augen und blonde Haare. So fand die genetische Mutation »blonde Haare« zahlreiche Liebhaber – bis heute.

FORSCHER HABEN HERAUSGEFUNDEN 9

Paare, die gemeinsam Wagnisse eingehen, sind glücklicher als solche, die keine gemeinsamen Abenteuer erleben. So fand der amerikanische Psychologe **Arthur Aron** heraus, dass nichts die Leidenschaft so sehr entfacht wie Aufregung. Dabei reicht es schon, zusammen bergsteigen, tanzen oder auf ein Konzert zu gehen – Hauptsache, beide empfinden es als aufregend. Durch derlei Aktivitäten empfinden Paare ihre Zweisamkeit als wesentlich glücklicher, fand der Psychologe in einer Studie heraus. Deshalb sein Credo für eine glückliche Ehe: Gemeinsame Herausforderungen und Aufregung im Alltag suchen.

FORSCHER HABEN HERAUSGEFUNDEN 10

Klatsch und Tratsch – besonders wenn es um Untreue geht – kann sich der Mensch viel besser merken als relevante Dinge. Britische Forscher um **Alex Mesoudi** von der schottischen Universität St. Andrews zeigten, dass das Gehirn dieser Fähigkeit hohe Priorität zumisst. Die Wissenschaftler glauben, dass diese eher sekundären Informationen Menschen dabei helfen, sich in ihrem sozialen Umfeld zurechtzufinden. Denn nur wer richtig einschätzt, welche Gruppe momentan mit welcher anderen verfeindet oder verbündet ist, kann seine gesellschaftliche Stellung behaupten.

FORSCHER HABEN HERAUSGEFUNDEN 11

Männer reagieren anders als Frauen auf Bilder nackter Menschen. Betrachtet ein Mann das Foto einer halbnackten Frau oder eines Paares in eindeutiger Stellung, fängt er an zu schwitzen. Sein Blutdruck schnellt in die Höhe, er beginnt seltener zu blinzeln. Frauen reagierten dagegen scheinbar ungerührt. Zwar gaben die Teilnehmerinnen eines Versuchs dem Schweizer Forscher **Patrick Gomez** an, dass sie die Aufnahmen nackter Männer durchaus erotisch fänden, sie zeigten aber kaum körperliche Reaktionen.

FORSCHER HABEN HERAUSGEFUNDEN 12

Frauen gehen am häufigsten an ihren fruchtbaren Tagen fremd. Das haben die beiden britischen Biologen **Robin Baker** und **Mark Bellis** bei der Befragung von 3.679 Frauen herausgefunden. Mehr noch: Dabei bevorzugen die Frauen einen besonderen Typ Mann. Für eine Affäre oder einen Seitensprung während des Eisprungs kommen vor allem kantige, männliche Gesichter in Frage: Züge, die durch das männliche Sexualhormon Testosteron geformt werden und die auf ein gutes Immunsystem schließen lassen. Für eine langfristige Beziehung bevorzugten Frauen eher Männer mit weichen, feminineren Zügen.

FORSCHER HABEN HERAUSGEFUNDEN 13

Menschen, die an Migräne leiden, haben eine ausgeprägtere Libido als Menschen, denen Migräneanfälle erspart bleiben. Verantwortlich dafür ist laut amerikanischen Wissenschaftlern der Botenstoff Serotonin, dem sowohl eine Schlüsselrolle bei der Steuerung sexueller Lust als auch bei der Entstehung von Migräne zugeschrieben wird. Wie ein »Schatz, heute nicht, ich habe Migräne« nun in der Zukunft interpretiert werden soll, das verschweigen Timothy Houle und seine Kollegen in ihrer Studie.

FORSCHER HABEN HERAUSGEFUNDEN 14

Die italienische Psychiaterin **Donatella Marazziti** von der Universität Pisa vergleicht Verliebte mit Zwangspatienten. Wie sich bei einem Menschen mit einer Zwangsstörung zum Beispiel sein Denken darum dreht, ob die Herdplatten ausgeschaltet sind, und er immer und immer wieder nachsehen muss, kreist das Denken eines Verliebten um die vergötterte Person. In Versuchen konnte die Wissenschaftlerin zeigen, dass ihr Vergleich keinesfalls abwegig ist: Sie untersuchte das Blut bis über beide Ohren verknallter Probanden und fand heraus, dass deren Serotonin-Spiegel auf ein krankhaftes Niveau gefallen war. Der gleiche Befund, der sich auch bei Menschen mit Zwangsneurosen zeigte. Serotonin ist ein sogenannter Neurotransmitter, der im menschlichen Hirn als Glücksbote Informationen zwischen Nervenzellen überbringt.

FORSCHER HABEN HERAUSGEFUNDEN 15

Wenn du einen Partner suchst, suche Plätze auf, an denen Aufregung zu finden ist, rät **Ovid** seinen Lesern in »*Ars Amorica*«. Kanadische Psychologen machten sich daran, diese Hypothese zu überprüfen – auf einer der höchsten Hängebrücken der Welt. Es stellte sich heraus, dass sich die Mehrheit der unter einem Vorwand angesprochenen Männer nach dem Treffen auf der wackeligen Brücke dazu hinreißen ließen, die Telefonnummer zu wählen, die ihnen die Versuchsleiterin gegeben hatte. Die Männer, die zur Kontrolle auf einer sicheren Holzbrücke angesprochen wurden, riefen in der Mehrzahl nicht an. Ovid hatte recht: Aus Aufregung kann Erregung werden. Oder anders gesagt: Unser Herz klopft nicht heftiger, weil wir uns verlieben, sondern wir verlieben uns, weil unser Herz heftiger klopft.

FORSCHER HABEN HERAUSGEFUNDEN 16

Wer ist beim Flirten am Drücker? Die Antwort, die die Psychologen **Debra Walsh** und **Jay Hewitt** auf diese Frage geben, fällt klar aus: die

Frau. Männer trauen sich nur dann, eine Frau anzusprechen, wenn die Frau zuvor den Mann zum Beispiel durch Blicke aufgefordert hat. Zusammengefasst, könnte man das Flirten auf folgende Formel bringen: Sie fordert auf, er beginnt zu werben, sie wählt.

FORSCHER HABEN HERAUSGEFUNDEN 17

Musik, Kunst und Kultur, all das hat der Mensch nur erfunden, um erfolgreich um die Gunst des anderen Geschlechts zu buhlen, vermutet der amerikanische Evolutionspsychologe **Geoffrey Miller**. Denn wer nicht mit prallem Geldbeutel oder dickem Bizeps beeindrucken kann, der muss sich eben anders behelfen. Mit Humor, mit Liedern, Poesie oder Ähnlichem.

FORSCHER HABEN HERAUSGEFUNDEN 18

Fruchtbare Frauen sind laut einer Untersuchung der Universität Los Angeles an ihrer modischen Kleidung zu erkennen. Demnach kleiden sich Frauen zur Zeit ihres Eisprungs modebewusster und tragen auch mehr Schmuck als sonst. *»Sie ziehen einen Rock anstelle einer Hose an, zeigen mehr Haut und kleiden sich eleganter«*, fasste Studienleiterin Martie Haselton ihre Forschungsergebnisse zusammen. Diese waren zustande gekommen, indem die Forscher ihren Studienteilnehmern Fotos von Studentinnen vorlegten, die entweder in ihrer fruchtbaren oder in ihrer unfruchtbaren Phase waren. Die Probanden mussten dann erklären, in welcher der beiden Phasen sich die abgebildete Frau befand: In 60 Prozent aller Fälle lagen sie richtig.

FORSCHER HABEN HERAUSGEFUNDEN 19

Menschen zwischen 56 und 65 Jahren sind in Deutschland sexuell aktiver als die unter 25-Jährigen. Das ergab eine Umfrage des Leipziger Psychologen **Elmar Brähler**.

FORSCHER HABEN HERAUSGEFUNDEN 20

Laut einer Studie, die im Fachblatt *Journal of the American Medical Association* veröffentlicht wurde, haben in den USA 43 Prozent der Frauen im Alter zwischen 18 und 59 Schwierigkeiten mit ihrer Sexualität. Bei Männern waren es 31 Prozent.

FORSCHER HABEN HERAUSGEFUNDEN 21

Das längste bekannte Spermium: Der Biologe **Scott Pitnick** von der Syracuse University in den USA studiert schon seit Jahren die Kriterien der geschlechtlichen Auswahl bei der Fortpflanzung. 1995 publizierte er im Fachjournal *Nature* die Entdeckung des längsten der Wissenschaft bekannten Spermiums. Es gehört einer Fruchtfliegenart, der Drosophila bifurca, und hat in ausgerolltem Zustand angeblich eine Länge von 5,08 Zentimetern.

GESCHMACKSSACHE

»Was sich eine Frau in den Mund steckt, das sollte schon gut sein«, sagt die Hamburger Psychologin und Sexualtherapeutin **Angelina Borgaes.** Sie bat 1999 etwa 50 Frauen im Rahmen einer Untersuchung um die Beurteilung des Sperma-Geschmacks ihrer Partner nach dem Genuss bestimmter Nahrungsmittel. Die Teilnehmer der Studie waren zwischen 20 und 40 Jahre alt, lebten mindestens ein Jahr in der Beziehung und hatten regelmäßig Oralverkehr. Voraussetzung: Die Männer durften nicht krank sein, keine Dauermedikamente und keine Drogen nehmen. *»Wer möchte, dass seine Partnerin mitmacht, sollte auf Alkohol, Aspirin und Knoblauch verzichten und stattdessen Ananassaft trinken – oder auf andere sexuelle Techniken ausweichen«*, rät Borgaes.

Natur pur	salzig, milchig, nussig
reichlich Knoblauch	säuerlich, faulig, muffig
Aspirin (5 Stück)	herb, fies, mistig, bitter
Ananassaft (1,5 l)	süß, lieblich
Bier (mind. 5)	schal, fade, abgestanden, wie Abwaschwasser

MATERIALWISSENSCHAFT: EINE ANGELEGENHEIT VON LEBEN UND TOD

EHEJAHRE	BEZEICHNUNG DES HOCHZEITSTAGS
1	Papierhochzeit
2	Baumwollhochzeit
3	Lederhochzeit
4	Seiden-, Bernstein- oder Leinenhochzeit
5	(mit Kindern) Holzhochzeit
5	(ohne Kinder) Ochsenhochzeit
6	Zinn- oder Zuckerhochzeit
7	Kupfer- oder Messinghochzeit
8	Blech-, Klatschmohn-, Nickel- oder Steinguthochzeit
9	Keramik-, Fayence-, Glas-, Wasser- oder Weidenhochzeit
10	Rosenhochzeit
11	Stahl-, Korallen- oder Fastnachtshochzeit
12	Nickelhochzeit
12,5	Bronze-, Petersilienhochzeit
13	Veilchen-, Maiglöckchen-, Salz- oder Spitzenhochzeit
14	Elfenbein- oder Achathochzeit
15	Kristallhochzeit
20	Porzellanhochzeit
25	Silberhochzeit
30	Perlenhochzeit
35	Leinwandhochzeit
37,5	Aluminiumhochzeit
40	Rubinhochzeit
45	Messinghochzeit
50	Goldene Hochzeit
55	Saphirhochzeit
60	Diamanthochzeit
65	Eisenhochzeit
67,5	Steinhochzeit
70	Gnadenhochzeit
75	Kronjuwelenhochzeit
80	Eichenhochzeit
100	Himmelshochzeit

LUST AUF LATEIN 1 – DER ALTE CATULL

Die Lyrik **Catulls** gehört zum Oberstufenlehrplan für das Fach Latein. 116 Gedichte hat der alte Lateiner verfasst und es heutigen Gymnasiasten etwas einfacher gemacht als Cäsar oder Sallust: Eine stattliche Anzahl der Werke ist von eindeutigem Inhalt und verweigert sich als Klausurstoff. Ein Beispiel (Catullus, Sämtliche Gedichte, dtv, München 1987):

PEDICABO EGO VOS ET IRRUMABO,
AURELI PATHICE ET CINAEDE FURI,
QUI ME EX VERSICULIS MEIS PUTASTIS,
QUOD SUNT MOLLICULI, PARUM PUDICUM.
NAM CASTUM ESSE DECET PIUM POETAM
IPSUM, VERSICULOS NIHIL NECESSEST;
QUI TUM DENIQUE HABENT SALEM AC LEPOREM,
SI SUNT MOLLICULI AC PARUM PUDICI
ET QUOD PRURIAT INCITARE POSSUNT,
NON DICO PUERIS, SED HIS PILOSIS,
QUI DUROS NEQUEUNT MOVERE LUMBOS.
VOS, QUOD MILIA MULTA BASIORUM
LEGISTIS, MALE ME MAREM PUTATIS?
PEDICABO EGO VOS ET IRRUMABO.

Ich will euch grob in Maul und Hintern rammeln,
Hurer Furius, Stricher du, Aurelius,
weil nach meiner Verslein Schwärmen
ihr behauptet, ich sei zu wenig sittlich.
Keuschheit zeichnet ihn aus, den edlen Dichter,
ihn, den Dichter, die Verse ganz gewiss nicht.
Dann erst klingen sie wirklich leicht und locker,
wenn sie schwärmend verliebt sind, nicht so sittlich,
und den Kitzel der Lust zu wecken wissen –
nicht bei Knaben, nein, hier schon bei Ergrauten,
die sonst kaum noch die steifen Lenden rühren.
Weil von tausend und abertausend Küssen
ihr gelesen, erklärt ihr mich zum Schlappschwanz?
Ich will euch grob in Maul und Hintern rammeln.

LUST AUF LATEIN 2 – DER ALTE CATULL

AMABO, MEA DULCIS IPSITILLA
MEA DELICIAE, MEA LEPORES,
JUBE AD TE VENIAM MERIDIATUM.
ET SI JUSSERIS, ILLUD ADJUVATO,
NEQUIS LIMINIS, OBSERET TABELLAM,
NEU TIBI LIBEAT FORAS ABIRE,
SED DOMI MANEAS PARESQUE NOBIS
NOVEM CONTINUAS FUTUTIONES.
VERUM, SIQUID AGES, STATIM JUBETO:
NAM PRANSUS JACEO ET SATUR SUPINUS
PERTUNDO TUNICAMQUE PALLIUMQUE.

Bitte, Schätzchen, du meine Ipsitilla,
mein Entzücken und meine Herzenswonne,
lass zu dir mich zum Mittagsschläfchen kommen.
Wenn es recht ist, dann sorge bitte dafür,
dass mir niemand die Tür verriegelt
und du selber lieber nicht ausgehen möchtest,
sondern vielmehr zu Hause bleibst, bereit zu
neunmal pausenlos wildem Fickvergnügen.
Also, ist es dir recht, lass mich gleich kommen,
denn ich liege gesättigt auf dem Rücken
und durchstoße schon Tunica und Mantel.

LUST AUF LATEIN 3 – DER ALTE CATULL

MENTULA MOECHATUR. »MOECHATUR MENTULA?« CERTE.
»HOC EST QUOD DICUNT: IPSA OLERA OLLA LEGIT.«

Hurenschwanz hurt. »Hurt Hurenschwanz wirklich?« Gewiss doch,
darum ja heißt es: Stets landet die Rübe im Topf.

FORMELN DER LIEBE 1

17,5 – so schön kann ein Mann sein, glaubt man Forscherinnen der Polytechnischen Universität von Hongkong. Die hatten sich gefragt, was einen attraktiven Kerl ausmacht, und errechneten nach einiger Tüftelei die Schönheitsformel VHI. Der sogenannte Volume Height Index errechnet sich aus dem Körpervolumen in Litern, das durch die Körpergröße in Metern zum Quadrat geteilt wird. Und nichts finden die Damen dieser Welt anziehender als einen Mann, der es auf einen VHI von 17,5 bringt.

FORMELN DER LIEBE 2

Das perfekte Verhältnis von Hüfte zu Taille einer Frau – aus Sicht der Männer – beträgt 1 : 0,7. Einer Frau mit diesen Maßen verfällt ein Mann augenblicklich, hat der texanische Evolutionspsychologe David Buss ermittelt.

FORMELN DER LIEBE 3

ERSTES FICKSCHES GESETZ

$$J = -D\frac{\partial c}{\partial x}$$

Die Teilchenstromdichte (Flux) J (mol m^{-2} s^{-1}) ist proportional zum Diffusionskoeffizienten D (m^2 s^{-1}) und dem Konzentrationsgradienten $\frac{\partial c}{\partial x}$.

ZWEITES FICKSCHES GESETZ (DIFFUSIONSGLEICHUNG)

Mit Hilfe der Kontinuitätsgleichung

$$\frac{\partial c}{\partial t} = \frac{\partial J}{\partial x}$$

ergibt sich die Diffusionsgleichung

$$\frac{\partial c}{\partial t} = \frac{\partial}{\partial x}\left(D\frac{\partial c}{\partial x}\right)$$

beziehungsweise für konstante Diffusionskoeffizienten

$$\frac{\partial c}{\partial t} = D\frac{\partial^2 c}{\partial x^2}$$

FORMELN DER LIEBE 4

T:C x (F+S) = I

So lautet die Formel für das perfekte weibliche Bein, die der britische Psychologe Aric Sigman entwickelt hat. Was hinter den Variablen steckt: Oberschenkelumfang (T) geteilt durch Wadenumfang (C) multipliziert mit der Oberflächenstruktur (F) plus Glanz (S). Für F und S legte der Psychologe eine eigene Punkteskala fest: 0 bis 5 (superfein) für die Oberflächenstruktur und 0 bis 4 (glänzend) für Glanz. Daraus ergebe sich das bestmögliche Ergebnis: 14,67. Angewandt auf Hollywood-Schönheiten, ermittelte Sigman die drei schönsten weiblichen Beinpaare. Diese gehörten zu Jennifer Aniston, Cameron Diaz, Elizabeth Hurley.

LIEBE GEHT DURCH DEN MAGEN – APHRODISIAKA

In der Küche schlummert der Geschmack. Nach Ansicht vieler Kulturen, Menschen und Naturheilkundler liegt dort aber auch der Schlüssel zur Lust. Von vielen Speisen und Gewürzen verspricht man sich aphrodisierende Wirkung:

Aal, Austern, Bohnen, Brennnessel, Chili, Eier, Erdbeeren, Fenchel, Froschschenkel, Gewürznelke, Granatapfel, Ingwer, Kaffee, Kakao, Karotten, Kaviar, Knoblauch, Koriander, Lachs, Muskatnuss, Petersilie, Pfeffer, Pinienkerne, Quitte, Rettich, Rosmarin, Rüben, Safran, Schildkrötenfleisch, Schokolade, Sellerie, Spargel, Tomate, Trüffel, Vanille, Wein, Weizenkeime, Wildbret, Zimt, Zwiebeln.

LASS MAL GUT SEIN – ANAPHRODISIAKA

Jeder Deckel hat seinen Topf und jedes Yin sein Yang. So gibt es nicht nur luststeigernde Mittel, sondern auch angeblich oder tatsächlich wirksame Mittel, Lust loszuwerden, sogenannte Anaphrodisiaka:

Bromsalze, Baldrian-Präparate, Cyproteronacetat, Hopfen, blutdrucksenkende Mittel, diverse Psychopharmaka wie Tranquilizer oder hochdosierte Opiate, Mönchspfeffer, Sport, kalte Duschen, Fastenkuren, Nikotin, Beten.

LUSTKILLER

Ein Produkt wie Neurosine würde heute nur noch Spott ernten. Ein US-Pharma-Unternehmen brachte 1951 dieses bromhaltige, triebdämpfende Beruhigungsmittel heraus – speziell für Nymphomaninnen, wie es hieß.

DIE LIEBLINGE DER SPANISCHEN FLIEGE

Die spanische Fliege ist eigentlich ein Käfer, und zwar einer, der stinkt. **Lytta vesicatoria** gehört zur Familie der Ölkafer und misst zwischen neun und 21 Millimetern. Am liebsten ernährt sich der metallisch-grüne Käfer von den Blättern von Esche, Liguster, Flieder oder Ölbäumen. Fühlt sich das Tier bedroht, presst es ein gelbes, stark hautreizendes Sekret aus den Kniegelenken. Darin steckt das giftige Cantharidin, weshalb dem Käfer lange Zeit aphrodisierende Wirkung nachgesagt wurde. Statt Lust hatten König Heinrich IV., Marquis de Sade und andere Anhänger der pulverisierten Käfer in der Regel aber ein Problem: Ihnen war kotzübel.

VERBÄNDE, VEREINE, VEREINIGUNGEN – DIE ORGANISIERTE SEXUALITÄT

AASECT	American Association of Sex Educators, Counselors and Therapists
ADFV	Allgemeiner Deutscher Frauenverein
AFS	Asian Federation for Sexology
AGISRA	Arbeitsgemeinschaft gegen internationale sexuelle und rassistische Ausbeutung
AKF	Arbeitskreis Frauengesundheit in Medizin, Psychotherapie und Gesellschaft
AS	Anonyme Sexaholiker
BASRT	British Association for Sex and Relationship Therapy
BEFAH	Bundesverband der Eltern, Freunde und Angehörigen Homosexueller
BPJS	Bundesprüfstelle für jugendgefährdende Schriften
BRZ	Bundesverband Reproduktionsmedizinischer Zentren

BSD	Bundesverband Sexuelle Dienstleistungen
BZGA	Bundeszentrale für gesundheitliche Aufklärung
DFK	Deutscher Verband für Freikörperkultur
DGG	Deutsche Gesellschaft für Geschlechtserziehung
DGGG	Deutsche Gesellschaft für Gynäkologie und Geburtshilfe
DGPFG	Deutsche Gesellschaft für Psychosomatische Frauenheilkunde und Geburtshilfe
DGFS	Deutsche Gesellschaft für Sexualforschung
DGSS	Deutsche Gesellschaft für Sozialwissenschaftliche Sexualforschung
DGU	Deutsche Gesellschaft für Urologie
EFA	Gesellschaft Ehe und Familie
EFS	European Federation of Sexology
FGZ	Frauengesundheitszentrum
FPE	Full Personality Expression (Internationale Organisation heterosexueller Transvestiten)
GPS	Gesellschaft für Praktische Sexualmedizin
GfRdS	Gesellschaft für Reform des Sexualrechts
GESEX	Gesellschaft für Sexualreform
HABIGDA	Harry Benjamin International Gender Dysphoria Association
HWG	Huren wehren sich gemeinsam e. V.
IASHS	Institute for Advanced Study of Human Sexuality
IASR	International Academy of Sex Research
IASSCS	International Association for the Study of Sexuality, Culture and Society
ILGA	International Lesbian and Gay Association
INF	Internationale Naturisten Föderation
IPPF	International Planned Parenthood Federation
IPSA	International Professional Surrogates Association
ISSIR	International Society for Sexual and Impotence Research
ISSTDR	International Society for Sexually Transmitted Diseases Research
IUSTI	International Union against Sexually Transmitted Infections
ISP	Institut für Sexualpädagogik
LSVD	Lesben- und Schwulenverband Deutschland

ÖGF	Österreichische Gesellschaft für Familienplanung
ÖGS	Österreichische Gesellschaft für Sexualforschung
SIECAN	Sex Information and Education Council of Canada
SIECUS	Sex Information and Education Council of the United States
SSTAR	Society for Sex Therapy and Research
SSSS	Society for the Scientific Study of Sex
VELB	Vereinigung europäische Laktationsberaterinnen (Stillberaterinnen)
WAS	World Association for Sexology
WLSR	Weltliga für Sexualreform

ABKÜRZUNGEN AUS DEM REICH DES GESCHLECHTLICHEN

ADAM	Androgendefizit des alternden Mannes
AV	Analverkehr
BDSM	Bondage, Discipline and Sadomasochismus
BEL	Beckenendlage
BH	Büstenhalter
CSD	Christopher Street Day
FKK	Freikörperkultur
FMTS	Frau-zu-Mann-Transsexualität
FSAD	Female Sexual Arousal Disorder
FSD	Female Sexual Dysfunction
FSH	Follikelstimulierendes Hormon
FSK	Freiwillige Selbstkontrolle
GBKG	Gesetz zur Bekämpfung der Geschlechtskrankheiten
GV	Geschlechtsverkehr
HSDD	Hypoactive Sexual Desire Disorder
IBCLC	International Board Certified Lactation Consultant (examinierte Stillberaterin)
IIEF	International Index of Erectile Function
IUP	Intra-Uterin-Pessar
LSD	Lack of Sexual Desire
MHSWM	Men Having Sex With Men
NPT	Nocturnal Penile Tumescence (nächtl. Spontanerektion)

OCT	Orgasm Consistency Training
PBPI	Penile Brachial Pressure Index (Penis-Arm-Blut-Index)
SAM	Sexual Arousal Mechanism
SCHKG	Schwangerschaftskonfliktgesetz
SGVO	Sperrgebietsverordnung
SKAT	Schwellkörper-Autoinjektionstherapie
SM	Sadomasochismus
STD	Sexually Transmitted Diseases
STI	Sexually Transmitted Infections
TFR	Total Fertility Rate
TS	Transsexualität
TSG	Transsexuellengesetz
VACH	Vaterschaftsausschlusschance
WHSWW	Women Having Sex With Women

E-MAIL-ABKÜRZUNGEN MIT LIEBEVOLLER BEDEUTUNG

4E	Forever	*Für immer*
BBB	Bye Bye Baby	*Auf Wiedersehen Baby*
BF	Boyfriend	*Freund*
BLBR		*Bussi links, Bussi rechts*
GF	Girlfriend	*Freundin*
GLG		*Ganz liebe Grüße*
HDGDL		*Hab dich ganz doll lieb*
HDL		*Hab dich lieb*
IDA		*Ich dich auch (Antwort auf HDL)*
ILD		*Ich liebe dich*
ILU	I Love You	*dito*
KIT	Keep In Touch	*Lass uns in Kontakt bleiben*
LG		*Liebe Grüße*
LY	Love Ya	*Hab dich lieb*
LYSM	Love You So Much	*Hab dich ganz doll lieb*
MOW		*Männlich oder weiblich*
NWLY	Never Wanna Lose Ya	*Will dich nie verlieren*

SEXUELLE SYNDROME

Die Hemmungen des Menschen haben offenbar eine Verankerung im Gehirn. Der neuronale Schrankenwärter verrichtet seinen Dienst in den Schläfen- und Stirnlappen des Gehirns. Wenn dieses schwer geschädigt wird, ob durch einen Unfall oder durch Altersabbau (frontotemporale Demenz), brechen bei Betroffenen oft die Schleusen: So kommt es nicht nur zu hemmungslosen Fressanfällen, bei denen manchmal auch nicht essbare Gegenstände verschlungen werden, sondern auch zu sexueller Enthemmung. Der Name der Störung: **Klüver-Bucy-Syndrom.**

OFT GEFREIT, STETS GEREUT

Glynn Wolfe (1908 bis 1997), der sich auch **Scotty Wolfe** nannte, ist der Mann, der wohl die meisten monogamen Ehen in seinem Leben geschlossen hat: 29-mal nahm er eine Frau zur Gattin. Die kürzeste Ehe des amerikanischen Baptisten-Predigers dauerte 19 Tage, seine längste sieben Jahre. Wolfe schaffte es, dass sich seine Ehen niemals überschnitten. Seinen letzten Gang vor den Traualter unternahm er nur aus Publicity-Gründen für eine britische Fernsehproduktion: Er verbrachte lediglich eine Woche mit Linda Essex, die selbst den Heiratsrekord für Frauen hält. Sie brachte es inklusive der Trauung mit Glynn Wolfe auf 23 Ehen.

PROMINENTE, DIE VIEL ZU OFT GEHEIRATET HABEN

NEUNMAL:

Zsa Zsa Gabor	*Hollywood-Schauspielerin und Society-Lady:*
Burhan Belge	*Diplomat (1937 bis 1941)*
Conrad Hilton	*Hotelier (1942 bis 1946)*
George Sanders	*Schauspieler (1949 bis 1954)*
Herbert Hunter	*Finanzberater (1964 bis 1966)*
Joshua S. Cosden jr.	*Öl-Erbe (1966 bis 1967)*
Jack Ryan	*angebl. Erfinder der Barbiepuppe (1975 bis 1976)*
Michael O'Hara	*(1977 bis 1982)*

Felipe de Alba *(1982) Hochzeit wurde annulliert, da Gabor zur Zeit der Trauung noch mit O'Hara verheiratet war*
Frederick Prinz von Anhalt *(seit 1986)*

ACHTMAL:

Elizabeth Taylor *Hollywood-Schauspielerin*
Conrad Hilton jr. *Hotel-Erbe (1950 bis 1951)*
Michael Wilding *Schauspieler (1952 bis 1957)*
Mike Todd *Filmproduzent (1957 bis 1958), Todd starb bei einem Flugzeugabsturz*
Eddie Fisher *Entertainer (1959 bis 1964)*
Richard Burton *Schauspieler (1964 bis 1974)*
Richard Burton *Schauspieler (1975 bis 1976)*
John Warner *Senator (1976 bis 1982)*
Larry Fortensky *Bauarbeiter (1991 bis 1996)*

Mickey Rooney *Hollywood-Schauspieler*
Ava Gardner *Schauspielerin (1942 bis 1943)*
Betty Jane Rase *(1944 bis 1949)*
Martha Vickers *Schauspielerin (1949 bis 1951)*
Elaine Devry *(1952 bis 1958)*
Carolyn Mitchell *(1958 bis 1966)*
Marge Lane *(1966 bis 1967)*
Carolyn Hockert *(1969 bis 1974)*
Jan Chamberlin *Schauspielerin (seit 1978)*

Lana Turner *Hollywood-Schauspielerin*
Artie Shaw *Musiker (1940)*
Josef Stephen Crane *Schauspieler (1942 bis 1943), aus juristischen Gründen annulliert*
Josef Stephen Crane *Schauspieler (1943 bis 1944)*
Henry J. Topping jr. *Millionär (1948 bis 1952)*
Lex Barker *Schauspieler (1953 bis 1957)*
Fred May *Landwirt (1960 bis 1962)*
Robert Eaton *Geschäftsmann (1965 bis 1969)*
Ronald Peller alias Ronald Dante *Hypnotiseur (1969 bis 1972)*

SIEBENMAL war verheiratet

Larry King *amerikanischer Talkmaster*

UNGLEICHE LIEBE – PAARE MIT GROSSEM ALTERSUNTERSCHIED

71 Jahre

Die Malaysierin Wook Kundor, die nach eigenen Angaben 1902 geboren wurde, hat in ihrem Leben 21-mal geheiratet. Ihr aktueller Ehemann Muhamad Noor Che Musa ist Jahrgang 1973. Die alte, einsame Dame habe ihm leid getan. Dann sei aus Mitleid Liebe geworden, sagte ihr Gatte.

63 Jahre

Als der Ölmilliardär J. Howard Marshall die Go-go-Tänzerin Anna Nicole Smith heiratete, war er 89 Jahre alt, das Nacktmodell gerade 26. Die Hochzeit fand am 27.6.1994 statt, Marshall starb am 4.8.1995. Der Erbstreit zwischen Anna Nicole Smith und Marshalls Kindern dauert bis heute.

54 Jahre

Im Alter von 82 Jahren heiratete der amerikanisch-chinesische Physik-Nobelpreisträger Yang Chen Ning die 28-jährige Studentin Weng Fan. In den chinesischen Medien wurd das ungleiche Paar oft heftig kritisiert.

50 Jahre

Der amerikanische Komiker Tony Randall war 75, als er die 25-jährige Schauspielerin Heather Harlan am 17. November 1995 heiratete. Im Mai 2004 starb Randall. 1997 bekam das Paar eine Tochter, da war Randall 77 Jahre alt, 1998 folgte ein Sohn. Randall war zuvor bis 1992 ganze 54 Jahre lang kinderlos mit Florence Gibb verheiratet.

47 Jahre

1981 heiratete der Hollywood-Schauspieler Cary Grant die 30-jährige Barbara Harris. Grant war zu diesem Zeitpunkt bereits 77 Jahre alt. Die Ehe mit seiner fünften Frau hielt, bis Grant 1986 starb.

46 Jahre

Johannes »Jopi« Heesters heiratete 1992 die Schauspielerin Simone Rethel. Der niederländische Entertainer war damals 89 Jahre alt, seine Braut 43.

45 Jahre

Der französische Diplomat Ferdinand Marie Vicomte de Lesseps heiratete 1869 im Alter von 65 Jahren die 20-jährige Autard de Bragard. Der Erbauer des Suez-Kanals und seine Gattin bekamen bis zu seinem Tod im Dezember 1894 zwölf Kinder.

44 Jahre

Länger hat kein anderer Richter bisher am US Supreme Court amtiert als William O. Douglas. Als er 1965 im

Alter von 67 Jahren die 23-jährige Cathleen Heffernan heiratete, war er bereits seit 26 Jahren Richter am Obersten Gericht der USA. 1975 trat er von seinem Amt zurück, 1980 wurde Cathleen Douglas geborene Heffernan Witwe.

43 Jahre

Der Literaturnobelpreisträger Saul Bellow heiratete 1989 Janis Freedman. Da war der Amerikaner 74, seine Gattin 31 Jahre alt. Für Bellow war es die fünfte Hochzeit. Ihre Ehe hielt 16 Jahre, bis der Schriftsteller 2005 starb.

43 Jahre

James Strom Thurmond, US-Politiker, saß sowohl für die Demokraten als auch für die Republikaner im amerikanischen Senat. 2003 war er mit 100 Jahren der älteste aktive Senator der US-Geschichte. Als er 66 Jahre alt war, heiratete er die 23-jährige Nancy Janice Moore, seine zweite Gattin.

41 Jahre

John Seward Johnson I., Sohn des Gründers des Konsumartikel- und Pharmariesen Johnson & Johnson, war 75, als er seine 34-jährige polnische Haushälterin Basia Piasecka heiratete. Die Ehe hielt zwölf Jahre, bis Johnson 1983 starb. Piasecka erbte 500 Millionen Dollar und musste mehrere Prozesse mit Kindern aus den früheren Ehen ihres verstorbenen Mannes ausfechten.

40 Jahre

Als der Künstler Pablo Picasso die Beziehung mit Françoise Gilot einging, trennten die beiden Liebenden 40 Jahre.

38 Jahre

Der 68-jährige Medientycoon Rupert Murdoch heiratete im Juni 1999 die 30-jährige Wendy Deng. 17 Tage vor der Hochzeit ließ sich Murdoch von seiner zweiten Frau Anna Murdoch scheiden, die für die Trennung angeblich 1,7 Milliarden Dollar erhielt.

37 Jahre

Komiker und Schauspieler Charlie Chaplin heiratete 1943 im Alter von 54 Jahren die erst 17-jährige Oona O'Neill, Tochter des Literaturnobelpreisträgers Eugene O'Neill. Die Ehe, seine dritte, hielt 34 Jahre bis zu seinem Tod 1977. Das Paar hatte acht Kinder.

35 Jahre

Als Schauspieler Woody Allen und Soon-Yi Previn 1997 heirateten, war der Bräutigam 35 Jahre älter als die Braut. Die Hochzeit erregte aber vor allem deshalb große Aufmerksamkeit, weil Soon-Yi Previn die Adoptivtochter von Mia Farrow ist, mit der Woody Allen zuvor eine langjährige Beziehung hatte.

34 Jahre

Maike Richter, die Lebensgefährtin von Helmut Kohl, dem ehemaligen deutschen Bundeskanzler, ist 34 Jahre jünger als der Politiker im Ruhestand.

34 Jahre

Bill Wyman, bis 1991 Bassist der Rolling Stones, begann 1983 eine Beziehung mit Mandy Smith – mit dem Segen ihrer Mutter, denn da war Mandy Smith gerade 13 Jahre alt, er 47. 1989 heiratete das Paar und ließ sich 1991 wieder scheiden. Kurz nach der Scheidung, heiratete der damals 30-jährige Stephen Wyman, Bills Wymans Sohn, die 46-jährige Mutter von Mandy Smith.

33 Jahre

Schauspieler Cary Grant heiratete 1965 in Las Vegas die 28-jährige Dyan Cannon. Als Grant seine vierte Ehe einging, war er bereits 61 Jahre alt. Knapp zwei Jahre später reichte Dyan Cannon die Scheidung ein.

ZITATE

»Von allen sexuellen Verirrungen ist die Keuschheit die abwegigste.« Anatole France, französischer Literaturnobelpreisträger ***»Herr, gib mir Keuschheit und Enthaltsamkeit, aber noch nicht jetzt!«*** Der Heilige Augustinus von Hippo, angeblich kurz vor seiner Bekehrung ***»Die Ehe ist ein Vertrag zum wechselseitigen und ausschließlichen Gebrauch der Geschlechtsteile zwischen Mann und Weib.«*** Der Philosoph Immanuel Kant über die Ehe ***»Ich habe beinahe mal ein Glas darauf abgestellt.«*** Schauspieler George Clooney über den Hintern seiner Kollegin Jennifer Lopez ***»Du magst erobern mit dem Schwert, aber du wirst erobert mit einem Kuss.«*** Daniel Heinsius, holländischer Dichter (1580 bis 1655) ***»Wer ist so dumm und mischt nicht Küsse unter die schmeichelnden Worte?«*** Ovid, römischer Dichter (43 v. Chr. bis 17 n. Chr.) ***»Hollywood ist ein Ort, wo sie dir 50.000 Dollar für einen Kuss und 50 Cent für deine Seele zahlen.«*** Schauspielerin Marilyn Monroe ***»Der erste Kuss ist indes qualitativ verschieden von allen anderen.«*** Sören Kierkegard, dänischer Philosoph und Theologe (1813 bis 1855) ***»Ich bin eine hervorragende Hausfrau. Jedes Mal, wenn ich einen Mann verlasse, behalte ich sein Haus.«*** Zsa Zsa Gabor, Hollywood-Schauspielerin und Society-Lady ***»Schöne Pferde, edle Frauen sich zu halten ist sehr teuer, kannst du wählen zwischen beiden, wähle Pferde, sie sind treuer.«*** Spruch an einem Bauernhaus nahe Oberstaufen im Allgäu ***»Ich weiß nicht mehr, wann ich es zum ersten Mal gemacht habe, aber ich weiß, wann ich es zum letzten Mal gemacht habe – auf die Minute genau.«*** Russlands Präsident Wladimir Putin bei einer Live-Schaltung der russischen Website Yandex.ru und der britischen bbc.co.uk im Juli 2006 »*Was Prügel sind, das weiß man schon; was aber die Liebe ist, das hat noch keiner herausgebracht.*« Heinrich Heine (1797 bis 1856) »*Wer sich für andere interessiert, gewinnt in zwei Monaten mehr Freunde als jemand, der immer nur versucht, die anderen für sich zu interessieren, in zwei Jahren.*« Dale Carnegie, amerikanischer Geschäftsmann (1888 bis 1955) »*Was ist die Liebe anderes als eine Art Neugier, die stärkste, die man in der Natur finden kann?*« Giacomo Casanova (1725 bis 1789) »*Das große Geheimnis jeder guten Ehe ist, jeden Unglücksfall als Zwischenfall und keinen Zwischenfall als Unglücksfall zu behandeln.*« Harold Nicolson, britischer Diplomat (1886 bis 1968) »*Die große Frage, die nie beantwortet worden ist und die ich trotz dreißig Jahre langem Forschen in der weiblichen Seele nicht habe beantworten können, ist die: Was will das Weib?*« Sigmund Freud, Begründer der Psychoanalyse (1856 bis 1939) »*Es kommt nicht nur auf das Äußere der Frau an. Auch die Dessous sind wichtig.*« Karl Kraus, Schriftsteller (1874 bis 1936) »*Wenn du geliebt werden willst, liebe!*« Seneca, römischer Philosoph (4 v. Chr. bis 65 n. Chr.) »*Mama's baby, papa's maybe.*« Weisheit eines afrikanischen Stammes »*Geliebt wirst du einzig, wo du schwach dich zeigen darfst, ohne Stärke zu provozieren.*« Theodor W. Adorno, Philosoph (1903 bis 1969) »*Die Liebe lebt von liebenswürdigen Kleinigkeiten.*« Theodor Fontane, Schriftsteller (1819 bis 1898) »*Doch bin ich, wie ich bin, und nimm mich nur hin! Willst du bessre besitzen, so lass sie dir schnitzen.*« Johann Wolfgang von Goethe »*Der liebt nicht, der die Fehler des Geliebten nicht für Tugenden hält.*« Johann Wolfgang von Goethe »*Die Liebe gleicht einem Fieber; sie überfällt uns und schwindet, ohne dass der Wille im Geringsten beteiligt ist.*« Stendhal, französischer Schriftsteller (1783 bis 1842) »*Ältere Damen sind am besten, denn sie denken immer, sie würden's zum letzten Mal machen.*« James-Bond-Autor Ian Fleming in seinem Tagebuch »*Es gibt nur zwei Dinge, die sich immer verkaufen lassen: Essen und Sex. Und ich war nie eine sehr gute Köchin.*« So rechtfertigte 1970 die Pariserin Fernande Grudet alias Madame Claude ihre Tätigkeit als Chefin der damals größten französischen Prostituierten-Agentur »*Und wir sollten den einen Appetit mit ebenso wenig Zurückhaltung und falscher Bescheidenheit befriedigen wie den anderen.*« Marquis de Sade (1740 bis 1814) »*Die perfekte Frau verwandelt sich nach dem Sex in eine Pizza.*« Jon Bon Jovi, amerikanischer Rockmusiker »*Ich kümmere mich darum, wen ich ficke. Ich kümmere mich aber wirklich nicht darum, wen andere ficken.*« Jack Nicholson im Interview mit der Süddeutschen Zeitung »*Das ist Sex mit jemandem, den ich liebe.*« Filmemacher Woody Allen über die Masturbation »*Das Weib ist*

weigernd, der Mann werbend; ihre Unterwerfung ist Gunst. Die Natur will, dass das Weib gesucht werde.« Immanuel Kant, Philosoph (1724 bis 1804) ***»Das war der größte Spaß, den ich jemals ohne zu lachen hatte.«*** Woody Allen im Film »Annie Hall« zu Diane Keaton, nachdem sie gerade Sex gehabt hatten ***»Ich geh nur mal eben Zigaretten holen.«*** Mit diesen Worten verließ Michael Hutchence, Sänger der Gruppe INXS, 1992 angeblich seine Freundin Kylie Minogue ***»I did not have sexual relations with that woman, Miss Lewinsky.«*** US-Präsident Bill Clinton zu dem Vorwurf, er habe Sex mit seiner Praktikantin Monica Lewinsky gehabt ***»Liebe ist das Einzige, was nicht weniger wird, wenn wir es verschwenden.«*** Albert Schweitzer ***»An einer Stelle sagte er, der weibliche Körper sei wie eine Geige und so, auf der nur ein großer Musiker richtig spielen könne. Das ganze Buch war Schund, das weiß ich, aber ich hatte seitdem immer diese Geige im Kopf.«*** J. D. Salinger: »Der Fänger im Roggen« ***»Ja.«*** Antwort von Ute Vogt, SPD-Spitzenkandidatin für die Landtagswahl in Baden-Württemberg 2006, auf die Frage eines Radioreporters, ob sie schon einmal einen Orgasmus vorgetäuscht habe ***»Völlige Nacktheit beim Sex macht jede Ehe ungültig.«*** Das erklärte der ägyptische Rechtsgelehrte Rashad Khalil im Januar 2006 in einer Fatwa, einem islamischen Rechtsgutachten ***»Wenn wir einen Menschen glücklicher und heiterer machen können, so sollten wir es in jedem Fall tun.«*** Hermann Hesse ***»Wäre ich ein Linker, würde die ganze Emanzentruppe vor mir flach liegen.«*** Österreichs Bundeskanzler Wolfgang Schüssel bei einer Wahlkampfveranstaltung 2006 ***»Das größte Geschlechtsorgan haben die Menschen zwischen den Ohren.«*** Simon LeVay, Neurobiologe ***»Nach der Berührung mit ihm können Früchte nicht keimen, Blüten verwelken, Gräser sterben ab. Eisen rostet, Erz wird schwarz, Hunde, die davon nehmen, bekommen die Tollwut.«*** Der Theologe Isidor von Sevilla (gestorben 636) über Menstruationsblut ***»Der Körper eines Menschen, der viel Verkehr hat, nähert sich dem Zustand des Kadavers wegen des vielen verdorbenen Samens.«*** Der Kirchenlehrer Albertus Magnus über Menschen, die sich oft dem Geschlechtsverkehr hingeben ***»Sie versuchen es mit allem, und es muss nicht einmal lebendig sein. Sie tun es auch mit Abflussrohren.«*** Die amerikanische Delfin-Forscherin Georgia Cranmore über das sexuelle Verhalten der Meeressäuger ***»Küssen ist, wenn oben einer klingelt und unten einer aufmacht.«*** Hans Werner Olm, Konditor und Kabarettist ***»Ich habe gefurzt.«*** Rockmusiker Kid Rock auf die Frage, ob er bei der Trauung mit Pamela Anderson in St. Tropez geweint habe

LEGENDE UND LEGENDÄR FÜR HOCHZEITEN

How to be a good wife – Was eine gute Ehefrau ausmacht

1. **Erwarte ihn mit dem fertigen Abendessen:** Plane voraus, am besten schon am Abend zuvor, um stets ein schmackhaftes Mahl bereit zu haben. Dass ist Deine Art, ihm zu zeigen, dass Du an ihn denkst und seine Bedürfnisse ernst nimmst. Die meisten Männer sind hungrig, wenn sie von der Arbeit nach Hause kommen. Und die Aussicht auf ein gutes Abendessen ist Teil des herzlichen Willkommens, das sie brauchen.

2. **Bereite dich vor:** Ruhe Dich eine Viertelstunde lang aus, bevor er kommt, damit Du erfrischt bist, wenn er da ist. Richte Dein Make up her, binde eine Schleife in Dein Haar, mache einen ausgeruhten und erfrischten Eindruck. Er hat den ganzen Tag mit gestressten Menschen auf der Arbeit verbracht, sei also fröhlich und besonders interessiert. Sein Tag war langweilig und er braucht nun Aufmunterung.

3. **Räume auf:** Mache einen letzten Rundgang durch das Haus, bevor Dein Gatte erscheint, und räume Schulbücher, Spielsachen, Papier, Unterlagen und anderes weg. Dann wische noch einmal den Staub von den Möbeln. Dein Gatte wird sich fühlen, als habe er einen Hafen der Ruhe und der Ordnung erreicht, und das wird auch Deine Stimmung heben.

4. **Bereite die Kinder vor:** Nimm einige Minuten Zeit, um den Kindern – wenn sie noch klein sind – die Hände und die Gesichter zu säubern. Kämm ihnen die Haare und wechsele ihre Kleidung, wenn es nötig ist. Sie sind Schätze und Kleinodien – Dein Mann möchte, dass sie auch so aussehen, wenn er nach Hause kommt.

5. **Vermeide Lärm:** Stelle sicher, dass weder Waschmaschine noch Trockner oder Staubsauger Lärm machen, wenn er nach Hause gekommen ist. Ermutige und ermahne die Kinder, ebenfalls leise zu sein. Freue Dich, ihn zu sehen. Begrüße ihn mit einem warmen Lächeln und lass ihn Deine Freude spüren.

6. **Einige Dinge, die zu vermeiden sind:** Begrüße ihn nicht gleich mit Beschwerden oder Schilderungen von Problemen und Schwierigkeiten. Beschwere Dich nicht, wenn er zu spät zum Abendessen kommt. Betrachte das einfach als unwichtig im Vergleich zu all den Beschwerlichkeiten und Unannehmlichkeiten, die er ertragen musste.

7. **Mache es ihm bequem:** Biete ihm an, dass er sich in einen bequemen Sessel setzen kann, oder schlage ihm vor, dass er sich im Schlafzimmer etwas ausruht. Erwarte ihn mit einem warmen oder – wenn er das lieber hat – mit einem kalten Getränk. Schüttle seine Kissen auf und biete ihm an, dass Du ihm die Schuhe ausziehst. Spreche langsam und deutlich in einer gedämpften, angenehmen und entspannenden Tonlage. Gebe ihm die Zeit und die Möglichkeit zu entspannen und abzuschalten.

8. **Höre ihm zu:** Selbst wenn Du tausend Dinge hast, die Du ihm sagen willst: Wenn er nach Hause kommt, ist dafür noch der richtige Augenblick. Lass erst ihn erzählen.

9. **Lass ihn den Abend gestalten:** Beschwere Dich niemals, dass er Dich nicht zum Essen oder anderen Orten abendlicher Unterhaltung ausführt. Versuche stattdessen, Dich in seine Welt voller Stress und Druck zu versetzen und so sein Bedürfnis, zu Hause zu bleiben und auszuruhen, zu verstehen.

10. **Das Ziel:** Versuche Euer Zuhause in einen Ort des Friedens und der Ordnung zu verwandeln, damit sich Dein Ehemann dort erholen kann.

Woher diese Liste stammt, konnte bislang nie ganz geklärt werden. Angeblich ist der Text einem Hauswirtschaftslehrbuch entnommen, mit dem in den fünfziger Jahren amerikanische Highschool-Abgängerinnen auf die Ehe vorbereitet werden sollten. Sicher ist, dass diese zehn ehelichen Gebote seit Langem durch das Internet geistern und immer wieder Inhalt launiger Hochzeitsreden sind. Übersetzung auf Basis des Texts auf der Website www.snopes.com.

DIE HÄUFIGSTEN KOSENAMEN

Von Männern für Frauen	Von Frauen für Männer
Schatz	*Schatz*
Maus	*Hase*
Engel	*Bärchen*
Mausi	*Hasi*
	Schnuffel

GÄNGIGE KOSENAMEN

Bär, Bärchen, Bärli, Brummbär, Glücksbärchi, Honigbärchen, Knuddelbär, Knutschebärchen, Purzelbär, Schnuffelbär • Baby, Tigerbaby • Dicke/Dicker • Engel, Engelchen • Fee, Zauberfee • Goldschatz • Hase, Hasi, Häschen, Hasibär, Hasibärli, Hasenfuß, Hasipup(i) • Herzblatt, Herzchen • Honigkuchenpferdchen • Herzkönigin • Hexe, Hexi • Hübsche/Hübscher • Kätzchen, Katzischatzi • Kleiner/Kleine/Kleines • Knuddel/Knuffel, Knuffelchen • Königin/König • Krümel, Krümeli • Kuschelbär, -maus/i • Liebling, Liebster/Liebste Honigmäulchen • Maus, Mäuschen, Mausilein, Mausebär, Mausebärchen, Mausespatz, Mausispatzi, Zaubermaus • Prinz/Prinzessin, Traumprinz Pupsi, Pupsimausi • Rubin • Schatz, Schatzi, Schätzchen, Schatzispatzi Schmusebär- chen, -kater, -tiger • Schnecke • Schnucki, Schnuckiputz, Schnuckiputzi, Schnuckelchen, Schnuckimausi • Schnuffel(chen) • Spatz, Spatzi Stern, Sternchen, Sternschnuppe, Sternschnuppi • Strubbelchen • Süßer/Süße/Süßes • Teddy, Teddybär • Tiger • Zottel • Zuckerschnecke, -schnäuzchen

VON PETTING NACH FUCKING: ORTSNAMEN

14547	Busendorf	27607	Hymendorf
27624	Drangstedt	83345	Kitzler
27624	Fickmühlen	32351	Möse
27624	Flögeln	83367	Petting
74405	Gaildorf	22365	(Hamburg-) Poppenbüttel
24960	Geil	36163	Poppenhausen
24376	Geilberg	52499	Puffendorf
52511	Geilenkirchen	06543	Ramelburg
29693	Hodenhagen		

69427	Scheidental	58644	Wixberg
36110	Schlitz	64291	(Darmstadt-) Wixhausen
79350	Sexau		
85135	Titting		
84529	Tittmoning		
83104	Tuntenhausen	International	
53127	(Bonn-) Venusberg	Österreich	Fucking
21360	Vögelsen	Italien	Potenza

DU MUSST WANDERN

Bei **Bad Bederkesa** nahe Bremen gibt es seit 1999 einen **Erotikwanderweg:** Er beginnt am Bahnübergang von **Drangstedt**, weiter geht es über die **Reitwiesen** und den **Ostzipfel** von **Hymendorf**. Schließlich führt der Weg parallel zum **Hymendorfer Bach** bis nach **Fickmühlen**. Von dort weiter durch das **Flögelner Holz** – immer parallel zum **Fickmühlener Bach** – nach **Flögeln**. Tipp: Einkehr im Deutschen Haus an der **Flögelinger Strasse**, die Spezialität des Hauses ist **Hochzeitssuppe**.

HOMOSEXUELLE TIERE

Homosexualität im Tierreich ist alles andere als selten. So gibt es Berichte von gleichgeschlechtlichem Sex unter Giraffen, Walen oder Delfinen. Besonders gut lässt sich homosexuelles Verhalten unter Tieren im Zoo beobachten.

Ein paar gleichgeschlechtliche Beispiele:

Im Bibelzoo zu Jerusalem lebte ein homosexuelles Geierpärchen. Die Beziehung von Daschik und Jehuda ging jedoch in die Brüche, als Jehuda plötzliche Begeisterung für die Geierin Beatrice entwickelte.

Im Zoo von Bremerhaven bebrüteten sechs männliche Humboldtpinguine mehrere Steine wie Eier. Die Männchen ließen auch nicht voneinander, als die Zooleitung Weibchen aus einem schwedischen Tierpark ins Gehege brachte.

Im Zoo von Overloon in den Niederlanden brüteten je ein lesbisches und ein schwules Storchenpärchen Eier aus. Wie diese gelegt und befruchtet wurden, war den Tierpflegern entgangen. Bei einer Sache wussten sie jedoch Bescheid: Die männlichen Störche mussten die Eier einem Weibchen aus dem Nest gestohlen haben.

In einem Vogelpark im Südwesten Großbritanniens haben Carlos und Fernando, zwei männliche Flamingos, ihren heterosexuellen Artgenossen Küken gestohlen und diese wie die eigenen aufgezogen. Die beiden Flamingo-Männchen balzen sich auch regelmäßig gegenseitig an. Eine weitere Besonderheit: Carlos und Fernando sind sich seit mehr als fünf Jahren treu. Flamingos suchen sich in der Regel jedes Jahr einen neuen Partner.

Libellen treiben es gerne mit dem gleichen Geschlecht – wenn gerade kein anderer geschlechtlicher Partner zu haben ist. Biologen haben sogar entdeckt, dass männliche Libellen, die zwei Tage in ausschließlich männlicher Begleitung gefangen gehalten werden, in der Regel ihre sexuelle Präferenz wechseln: Auch wenn wieder Weibchen in der Nähe sind, fliegen sie auf Männchen.

Bereits Aristoteles beobachtete vor 2.300 Jahren Hyänen beim gleichgeschlechtlichen Liebesspiel. Da vergnügten sich Männchen mit Männchen und da befriedigten Weibchen andere Weibchen, berichtete der griechische Philosoph.

Bei der Erforschung großer Königspinguinkolonien in der Antarktis mussten Wissenschaftler feststellen, dass fast jedes zehnte Pärchen gleichgeschlechtlich war.

NACKTE SKANDALE ODER PROVOKATIONEN

Nipplegate. Justin Timberlake reißt in der Halbzeitpause zum amerikanischen Superbowl 2004 Janet Jackson den schwarzen Leder-BH von der Brust. Amerika sieht für einen Moment eine Brust, die mit einem sonnenförmigen Schmuckstück gepierct ist – und ist entsetzt. Der Fernsehsender CBS musste wegen des Vorfalls 550.000 Dollar Strafe zahlen.

Die einstige Punkrebellin und erfolgreiche Modeschöpferin Vivienne Westwood wurde 1992 in den Orden des Britischen Empire aufgenommen. Vor der Zeremonie im Kensington Palace lupfte die längst Etablierte den Rock und präsentierte sich der versammelten Fotografenmeute ohne Unterwäsche. Als sie 2006 für ihre Verdienste um die britische Mode geadelt wurde, zeigte sie sich angeblich züchtig verhüllt.

Prinz Harry, Nummer drei in der britischen Thronfolge, sorgte Anfang 2006 für Aufregung. Wie die britische Boulevard-Zeitung *Sun* berichtete, feierte der Prinz das Ende seiner Offiziersausbildung in dem Striptease-Club Spearmint Rhino in Südengland. Demnach habe Harry vor den Augen anderer Absolventen der Militärakademie Sandhurst seinen Kopf zwischen die Brüste einer russischen Stripperin gesteckt. Die britische Presse stürzte sich gierig auf die Geschichte, wurde sie doch am ersten Hochzeitstag von Harrys Vater Prinz Charles und Camilla Parker Bowles bekannt.

Der Sherpa Lakpa Tharke entrüstete seine Landsleute in Nepal, als er sich auf dem Gipfel des Mount Everest die Kleider vom Leib riss und drei Minuten lang nackt den Minusgraden auf dem höchsten Berg der Erde trotzte. Der nepalesische Bergsteigerverband kritisierte die Aktion des 25-Jährigen. Das nepalesische Volk betrachtet den Mount Everest als Gottesmutter der Erde. Sich nackt auf den heiligen Berg zu stellen sei daher nicht angemessen, hieß es in einer Stellungnahme.

TIERE, DEREN GESCHLECHTSTEILE IM ISLÄNDISCHEN PHALLUS-MUSEUM AUSGESTELLT SIND

Das isländische Phallus-Museum ist das wahrscheinlich einzige seiner Art auf der Welt. Sigurdur Hjartasson, Lehrer für Spanisch und Geschichte, stellt darin die Penisse fast aller Säugetierarten aus, die in Island heimisch sind. Bislang hat der Penissammler und -präparator mehr als 100 Phalli und Phallusteile in seinem Magazin. So sind die Penisse von 12 Walarten, dem Eisbären, von 7 Robbenarten und von knapp 40 weiteren Tierarten ausgestellt. Insgesamt sind es 151 Exemplare von 42 Tierarten. Das größte Exponat ist ein Pottwalpenis: 3 Meter lang und etwa 20 Kilo schwer. Das kleinste Stück ist der Penis einer isländischen Feldmaus: nur wenige Millimeter lang und ohne Lupe kaum zu sehen. Inzwischen haben auch vier Menschen aus Island, England, den USA und Deutschland ihren Penis testamentarisch an das Museum vermacht. Der Direktor stellt bis dahin die Vorhaut eines 40-Jährigen aus, die in Formalin konserviert wurde.

Die Exponate des Museums inklusive Anzahl der Phalli je Spezies:

NÖRDLICHER ENTENWAL	Hyperoodon ampullatus (2)
POTTWAL ODER SPERMWAL	Physeter catodon (9)
LANDFLOSSEN GRINDWAL ODER PILOTWAL	Globicephala maleana (1)
KILLERWAL ODER ORCA	Orcinus orca (2)
SCHWEINSWAL	Phocoena phocoena (4)
BUCKELWAL	Megaptera novaeangliae (2)
WEISSSCHNAUZENDELFIN	Lagenorhynchus albirostri (3)
MINKWAL	Balaenoptera acutorostrata (8)
GEMEINER DELPHIN	Delphinus delphis (2)
FINNWAL	Balaenoptera physalus (2)
NARWAL	Monodon monoceros (2)
SEIWAL	Balaenoptera borealis (3)
BLAUWAL	Balaenoptera musculus (1)
GROSSER TÜMMLER	Tursiops trunctatus (2)
CUVIER-SCHNABELWAL	Ziphius cavirostris (1)
EISBÄR	Ursus maritimus (1)
MÜTZENROBBE	Cystophora cristata (2)

RINGELROBBE	Phoca hispida (3)
BARTROBBE	Erignathus barbatus (2)
SEEHUND	Phoca vitulina (3)
KEGELROBBE	Halichoerus grypus (5)
SATTELROBBE	Pagophilus groenlandicus (8)
WALROSS	Odobenus rosmarus (2)
ZIEGE	Capra hircus (5)
FELDMAUS	Apodemus sylvaticus (2)
PFERD	Equus caballus (5)
WIDDER	Ovis aries (7)
HAUSMAUS	Mus musculus (4)
RENTIER	Rangifer tarandus (3)
HUND	Canis familiaris (3)
KATZE	Felis catus (4)
NERZ	Mustela lutreola (9)
NORDAMERIKANISCHER NERZ	Mustela vison (1)
STIER	Bos taurus (8)
POLARFUCHS	Alopex lagopus (7)
WANDERRATTE	Rattus norvegicus (3)
HAUSRATTE	Rattus rattus (4)
WILDSCHWEIN	Sus scrofa (5)
HASE	Lepus cuniculus (1)
MEERSCHWEINCHEN	Cavia cobaya Schreb (5)
HAMSTER	Mesocricetus auratus (2)
ROTFUCHS	Vulpes vulpes saeptus (5)
AMERIKANISCHER ROTFUCHS	Vulpes fulva (1)
ROTBARSCH	Sebastes marinus (2)
STINKTIER	Mephitis mephitis (1)
STEINMARDER	Martes foina (2)
WIESEL	Mustela putorius (1)
MARDERHUND	Nyctereutes procyonides (1)
SPITZMAUS	Sorex minutus (1)
DACHS	Meles meles (2)
NORDAMERIKANISCHER DACHS	Taxidea taxus (1)
TAMMAR WALLABY	Macropus eugenii (2)
ELEFANT	Loxodonta africana (1)
VIELFRASS	Gulo gulo (1)

FISCHOTTER	Lutra canadensis (1)
KOJOTE	Canis latrans (2)
GRAUWOLF	Canis lupus (1)
AMERIKANISCHER SCHWARZBÄR	Ursus americanus (3)
WASCHBÄR	Procyon lotor (2)
BÄRENPAVIAN	Papio ursinus (1)
HÖHLENBÄR	Ursus spelaeus (1)
FUCHSEICHHÖRNCHEN	Sciurus niger (1)
GRAUES EICHHÖRNCHEN	Sciurus carolinensi (1)
FICHTENMARDER	Martes americana (1)
BIBER	Castor canadensis (2)
HERMELIN	Mustela erminea (1)
ELCH	Alces alces (2)
BEUTELRATTE	Didelphis verginian (1)

FRÜH GESCHIEDEN, PECH GEMIEDEN

Scheidungskinder gibt es viele, und angeblich werden es immer mehr. Die Britin **Libby Rees**, ein betroffenes Mädchen, hat als Zehnjährige im Dezember 2005 einen selbst geschriebenen Ratgeber veröffentlicht. In ihrem Buch »Hilfe, Hoffnung und Glück« rät sie anderen Kindern auf 60 Seiten, wie sie besser mit der Trennung der Eltern zurechtkommen. Ihre Vorschläge: Filme ansehen, etwas lesen, Sport treiben und versuchen, positiv zu denken.

HÖR AUF DIE KLASSIKER

Schon der römische **Dichter Ovid** (43 v. Chr. bis 18 n. Chr.) hat seinen Mitmenschen das hinterlassen, was man heute einen Ratgeber oder Flirtführer nennen würde. Seine »Ars Amorica« (Liebeskunst) kann als der erste Ratgeber gelten, wie junge Männer eine Frau finden. Was der römische Dichter seinen liebeshungrigen Lesern im Wesentlichen im ersten Buch empfiehlt:

- *Kundschafte aus, wo viele Mädchen zu finden sind*
- *Sitz nicht zu Hause rum, geh raus ins Leben*
- *Gib auf dein Äußeres acht, doch nicht so sehr*

- *Glaube an dich, arbeite an deinem Selbstbewusstsein*
- *Liebe dich selbst, dann lieben dich auch die anderen*
- *Wähle den richtigen Zeitpunkt*
- *Schenke deiner Auserwählten viel Aufmerksamkeit*
- *Berühre deine Auserwählte wie zufällig*
- *Versprich ihr das Blaue vom Himmel*
- *Zieh dich hin und wieder etwas zurück, lass sie zappeln*
- *Warte den richtigen Moment für einen Kuss ab*

Fazit: Das Spiel hat sich nie geändert. Die Flirtratgeber sind wohl 2.000 Jahre lang gleich geblieben.

DER BAULÖWE, SEINE MAUSI, DIE DAMEN UND DER OPERNBALL

Der Bauunternehmer **Richard »Mörtel« Lugner** und seine Frau **Christina »Mausi« Lugner** beherrschen seit Jahren die Klatschpresse Österreichs. Auch, weil der millionenschwere Selbstdarsteller seit Jahren seine prominenten Traumfrauen auf den Opernball einlädt. Mausi ist nicht immer entzückt über die Konkurrenz, die ihr Gatte mit auf das wichtigste Gesellschaftsereignis des Landes bringt. Aber bitte, küss die Hand, Mausi lässt sich offenbar durch die ihr dadurch zuteil werdende Aufmerksamkeit besänftigen. Wen Mörtel bisher in seine Loge geladen hat:

2006	Carmen Electra
2005	Gerri Halliwell
2004	Andie MacDowell
2003	Pamela Anderson
2002	Claudia Cardinale
2001	Farrah Fawcett
2000	Jacqueline Bisset und Nadja Abdel Farrag
1999	Faye Dunaway
1998	Racquel Welch
1997	Sarah Ferguson
1996	Grace Jones
1995	Sophia Loren
1994	Ivana Trump
1993	Joan Collins
1992	Harry Belafonte

VERZWEIFELTE SINGLES

Im spanischen Dorf Villafrechos herrschte lange Zeit akuter Frauenmangel, oder anders ausgedrückt: In der 540-Seelen-Gemeinde lebten überwiegend ledige Männer. Diesen Missstand versuchte Bürgermeister Miguel Angel Gómez im Sommer 2006 zu beheben, indem er die »Karawane der Liebe« organisierte. Mit zwei Bussen wurden etwa 100 Frauen aus der Provinzhauptstadt Valladolid nach Villafrechos gebracht, damit die Damen die ledigen Dorfbewohner inspizieren konnten. Der Bürgermeister selbst war damals angeblich auch Single. Und während in Villariba und Villabacho schon gefeiert wird, wird in Villafrechos noch immer kräftig gebalzt.

*

160.000 Euro verlangte ein Wunderheiler dafür, einer Frau ihren ehemaligen Lebenspartner zurückzubringen. Viel Geld, das die 34-jährige Französin nicht hatte und doch zu zahlen bereit war. Um den Betrag zusammenzubekommen, meldete sie bei 17 verschiedenen französischen Departements jeweils die Geburt von Fünflingen an. Ihre fiktiven 85 Kinder brachten ihr schließlich 22.100 Euro Kindergeld monatlich ein. Bis der Schwindel im Sommer 2006 aufflog, wanderten mehr als 100.000 Euro in ihre Tasche.

*

Die 30-jährige Inderin Bimbala heiratete im Juni 2006 eine Königskobra. Bei der hinduistischen Zeremonie in Atala im nordöstlichen Bundesstaat Orissa trug die Braut einen festlichen Sari. Die Kobra enttäuschte laut der indischen Nachrichtenagentur PTI die etwa 2.000 anwesenden Gäste dagegen: Sie erschien nicht zu ihrer Vermählung und zog sich in ihre Höhle in einem Ameisenhaufen zurück. Der schlangenhafte Bräutigam wurde deshalb durch eine Bronzeplastik ersetzt. Die Mutter der Braut berichtete, dass ihre Tochter von einer Krankheit genesen sei, nachdem sie der Kobra regelmäßig ein Schälchen Milch geopfert habe. Dabei habe sie sich in das Tier verliebt.

*

Auf Kuba lernte der kanadische Bauunternehmer Marc Lachance eine Belgierin kennen. Als er wieder zu Hause war, wusste er nur noch, dass die Frau Sabine hieß und er sich Hals über Kopf in sie verliebt hatte. »Ich will sie wiederfinden, koste es, was es wolle«, verkündete der Kanadier der belgischen Zeitung *De Morgen*. Er veröffentlichte ein Foto, das ihn und Sabine bei einem Tagesausflug auf Kuba zeigte, in mehreren belgischen Zeitungen. Außerdem schrieb er einen Brief an jede der 3.700 belgischen Sabines, deren Adresse er im Internet fand. Jedoch ohne Erfolg.

37 Jahre alt und noch immer keine Partnerin – das wollte der britische Aktionskünstler Mark McGowan im Dezember 2005 ändern. Auf ungewöhnliche Weise: Er kroch auf allen Vieren 90 Kilometer von London nach Canterbury. Dabei hatte er sich ein Schild mit der Aufschrift »Könntest du mich lieben?« umgebunden, und an Händen und Füßen waren insgesamt 18 Pralinenschachteln mit Schnüren befestigt. 30 Tage dauerte die Aktion, mit der McGowan auf das Schicksal Alleinstehender aufmerksam machen wollte.

*

In einem Brief bot der Kenianer Kipkemoi Chepkurgor im Jahr 2000 dem ehemaligen amerikanischen Präsidenten Bill Clinton eine stattliche Mitgift für die Hand seiner Tochter Chelsea: 40 Ziegen und 20 Kühe. Außerdem lobte der Afrikaner den Führungsstil Clintons sowie die Haltung Hillary Clintons während des Skandals um die Affäre, die ihr Mann mit der Praktikantin Monica Lewinsky gehabt hatte. Auf eine Antwort wartet Kipkemoi Chepkurgor noch heute. Im Juli 2005 erklärte der Kenianer noch, dass er Single bleiben wolle, bis eine Antwort käme.

*

Um seine Hochzeit zu finanzieren, inszenierte der Japaner Kiyokazu Konishi im Oktober 2004 seine Entführung. Der 34-Jährige versteckte sich und ließ seiner zehn Jahre jüngeren Verlobten eine E-Mail zukommen, in der ein Lösegeld von umgerechnet 110.000 Euro gefordert wurde. Es hieß: »Jemand, der Ihnen sehr nahesteht, wurde entführt.« Die Zukünftige sollte den Chef ihres Verlobten bitten, die Summe aufzubringen. Der schaltete jedoch die Polizei ein, die den angeblich Entführten ziemlich schnell erwischte. Ob die Hochzeit ausfiel, konnte die Polizei nicht sagen.

*

Der schüchterne Hirte Marcel Worley schickte seine Schafe vor, um die von ihm Angebetete zu erobern. Der 26-jährige Brite arrangierte im Frühjahr 2004 seine 480 Tiere genau so, dass sie von Weitem betrachtet den Schriftzug »Ich liebe Dich, Du bist die meinige« bildeten. Dazu verschüttete der verknallte Hirte laut Zeitungsberichten auf einem Feld eine Vierteltonne Nüsse in der gewünschten Form. Dann trieben seine Hirtenhunde die Schafe dorthin. Erfolg hatte der romantische Schäfer jedoch nicht. Die Umworbene hatte sich ausgerechnet am Tag zuvor für einen anderen Mann entschieden.

Über eine halbes Jahrhundert lebte Süleyman Kilic als Eremit in einer Gebirgsregion in der Türkei. Zuletzt lediglich in Gesellschaft eines Pferdes und einer Ziege. Im Alter von 83 Jahren überfiel ihn dann doch der Wunsch nach einer Partnerin. Er stieg hinab von den Gipfeln der Einsamkeit, um sich eine Gattin zu suchen. Im November 2002 zitieren die türkischen Medien: »Ich kann die Einsamkeit nicht mehr ertragen. Ich suche eine Frau, die mit mir in den Bergen leben will.«

*

Ein halbes Menschenleben nach seiner Einschulung durfte der Belgier Hervé Minne doch noch um die Hand seiner Grundschullehrerin anhalten. In seinem ersten Schuljahr verliebte er sich in seine damals 19-jährige Klassenlehrerin. Jahrzehnte später suchte er Daniella Waltens auf und feierte als 42-Jähriger mit ihr Verlobung. »Ich bekam die gleiche Gänsehaut wie damals, als ich sechs war«, erzählte Minne der Zeitung *Het Laatste Nieuws* über ihr erstes Wiedersehen.

VOR DEM GESETZ – VERBOTENE LIEBE

Nach der gescheiterten Therapie wegen seiner Impotenz erschoss ein 22-jähriger Inder seinen Wunderheiler. Die *Hindustan Times* berichtete im Mai 2006, dass Javed Ali den Arzt mit sieben Kugeln auf einem Marktplatz in Neu Delhi tötete. Zuvor hatte der selbst ernannte Sexologe Rajesh Abbot seinen Mörder zwei Jahre lang behandelt. Nach seiner Festnahme klagte Ali, die Behandlung des vermeintlichen Wunderheilers habe seine Potenzprobleme eher noch verschlimmert. Laut inoffiziellen Schätzungen bieten allein in Neu Delhi 40.000 selbst ernannte Wunderheiler ihre Dienste an. Ärzte sind hingegen nur 30.000 registriert.

§

Das Straßburger Landgericht verurteilte im Jahr 2006 einen französischen Staatsanwalt zu zehn Monaten Haft auf Bewährung sowie fünf Jahren Berufsverbot. Nach Überzeugung der Richter hatte der 49-jährige Jurist bei einem Besuch im Bordell »Le Bijoux« eine Rechnung über 578 Euro mit einer gestohlenen Kreditkarte beglichen. Das Pikante an der Sache: Der Staatsanwalt klaute die Kreditkarte eines Beamten des Europarates auf einer Richtertagung, bei der es um grundlegende ethische Prinzipien für Staatsanwälte ging.

Die Australierin Peta Bull wunderte sich im Frühjahr 2006 darüber, dass ihre Tätowierung von einigen Mitmenschen als anstößig empfunden wurde. Die Mutter zweier Kinder trägt auf dem Schulterblatt eine Darstellung von zwei Menschen beim Sex, etwas, das die Offiziellen der Fluglinie Jetstar als »anstößiges Material« bezeichnen. Und solches hat an Bord ihrer Maschinen nichts zu suchen. So wurde Peta Bull beim Flug nach Brisbane von Stewardessen aufgefordert, ihr Schulterblatt mit dem kopulierenden Paar zu bedecken. Die Tätowierte zeigte sich empört und wendete sich mit ihrer Geschichte an die Medien.

§

In der indonesischen Ortschaft Tangerang sollen Küsse in der Öffentlichkeit, die länger als fünf Minuten dauern, mit Haft bestraft werden. Polizisten sollten deshalb künftig mit Stoppuhren ausgerüstet werden, wie eine Zeitung berichtete. Seit 2005 ist es Frauen in dem Vorort der indonesischen Hauptstadt Jakarta bereits verboten, nach Einbruch der Dunkelheit alleine auf die Straße zu gehen – offiziell, um die Prostitution einzudämmen.

§

Der Israeli Opez Alone musste im September 2005 Strafe zahlen, weil er seine Frau Selev Kermit bei ihrer Hochzeit im westindischen Bundesstaat Rajasthan geküsst hatte. Das Brautpaar wurde zu einem Bußgeld von umgerechnet 19 Euro verurteilt. Die Begründung der indischen Behörden: obszönes Verhalten in der Öffentlichkeit. Das Brautpaar hatte sich bei einer Reise durch Indien kennen gelernt und beschlossen, sich nach hinduistischer Zeremonie trauen zu lassen. Bei der Feier habe sich das Paar dann geküsst, berichtete die Times of India. Das habe einige der anwesenden Priester so sehr erbost, dass sie Anzeige erstatteten.

§

Umarmen und Küssen seiner Freundin – so lauteten die Vorwürfe, gegen die sich der Malaysier Ooi Kean Tong wehren musste. Städtische Moralhüter hatten den 22-Jährigen angezeigt, nachdem sie ihn und seine Freundin Siow Ai Wei, 20, in einem Park in Kuala Lumpur beobachtet hatten. Die beiden Liebenden beteuerten aber, sie hätten lediglich Händchen gehalten. Sie seien von den Beamten nur deshalb angezeigt worden, weil sie ihnen kein Bestechungsgeld zahlen wollten. Das malaysische Gesetz sieht jedoch bei einer Verurteilung im Fall

Tong eine Geldstrafe von umgerechnet bis zu 500 Euro oder einem Jahr Haft vor.

§

Kurz vor der Fußballweltmeisterschaft 2006 hatte die deutsche Erotikkette Beate Uhse Ärger mit zwei Fußballnationalspielern. Die Berater von Oliver Kahn und Michael Ballack prüften laut Zeitungsberichten, juristische Schritte gegen das Flensburger Unternehmen einzuleiten. Der Grund: Sie sahen ihre Namensrechte verletzt, da Beate Uhse zwei Vibratoren mit den Namen »Olli K.« und »Michael B.« in ihren Läden verkaufte. Man habe damit keinerlei Assoziationen zu den beiden Fußballspielern herstellen wollen, beteuerte der Firmensprecher. Dennoch nahm Beate Uhse die beiden Dildos aus dem Programm. Der Vibrator mit dem Namen »David B.« blieb vorerst im Verkauf.

§

In der kolumbianischen Stadt Pereira zwangen einige Ehefrauen ihre Männer zurück auf den Pfad der Legalität. Die Frauen hatten ihren Gatten – alle Mitglieder einer Straßenbande – im Sommer 2006 erklärt, dass sie sexuell so lange streiken würden, bis die Männer ihre Schusswaffen bei der Polizei abgegeben hätten. Der »Streik der geschlossenen Beine« hatte Erfolg. Insgesamt 20 Mitglieder der Bande gaben ihre Waffen ab. Wie lange sie die erzwungene Enthaltsamkeit ausgehalten haben, ist nicht überliefert. Vorbild für diese Aktion ist die griechische Tragödie »Lysistrata« des Dichters Aristophanes, die 411 v. Chr. im 20. Jahr des Peloponnesischen Krieges uraufgeführt wurde. In dem Stück beschließen die Frauen Athens und Spartas, sich ihren Männern sexuell zu verweigern, um so den Frieden zwischen beiden Stadtstaaten zu erzwingen.

§

Bei Razzien im Rotlichtmilieu der englischen Stadt Bournemouth nahm die britische Polizei im Jahr 2006 mehr als 40 Freier fest. Einer der Herren brachte die Ordnungshüter zum Staunen: Er war 95 Jahre alt. Die Polizisten waren dem Auto des Freiers gefolgt, nachdem dieser sich mit einer Prostituierten einig geworden war. Als es gerade zum Geschlechtsverkehr kommen sollte, griffen die Beamten zu – und ließen den Greis nach einer Ermahnung wieder laufen. »Wir fanden, dass eine Strafverfolgung nicht im öffentlichen Interesse wäre«, sagte ein Polizeisprecher. In Schweden waren Polizisten im selben Jahr weniger nachsichtig. Ein 90-jähriger Freier, den die Fahnder in einem als Solarium getarnten Bordell aufgriffen, musste wegen illegalen Kaufs sexueller Dienste ein Bußgeld an den staatlichen »Fonds für Verbrechensopfer« zahlen.

PORNO-POLITIK

2003 trat die Pornodarstellerin **Mary Carey** (bürgerlicher Name Mary Ellen Cook) als unabhängige Kandidatin bei der Gouverneurswahl im US-Bundesstaat Kalifornien an. Unter den 135 Kandidaten erzielte sie das zehntbeste Resultat, Gouverneur wurde Arnold Schwarzenegger. Mit diesem politischen Programm ging Mary Carey in die Wahl:

- Legalisierung der Homo-Ehe
- Zur Sanierung des Haushalts sollten Brustimplantate besteuert werden
- Der Besuch bei Striptease-Tänzerinnen sollte steuerlich absetzbar sein
- Der Amtssitz des Gouverneurs von Kalifornien sollte mit Webcams ausgestattet werden
- Mit einem Programm »Pornos für Pistolen« sollten Schusswaffen aus dem Verkehr gezogen werden
- Als Botschafterin des Staates Kalifornien sollten Unternehmen angelockt werden
- Empfänger von Arbeitslosenunterstützung sollten verpflichtet werden, als Geschworene zu arbeiten
- Die Angriffe des US-Justizministers John Ashcroft auf die Porno-Industrie sollten unterbunden werden
- Bars sollten bis 4 Uhr früh geöffnet bleiben
- Das Aids-Problem sollte angegangen werden

2006 trat **Mary Carey** ein zweites Mal gegen Arnold Schwarzenegger an. Bei der Bekanntgabe ihrer erneuten Kandidatur sagte die damals 26-Jährige: »Ich denke, ich bin jetzt ernsthafter. Wie Sie sehen können, bin ich auch seriöser angezogen. Außerdem habe ich braune Strähnen, weil Brünette eher ernst genommen werden.«

MILDE HERRSCHER

Einen Kavalleristen, der bei der Unzucht mit seiner Stute ertappt wurde, verurteilte der preußische König Friedrich der Große zu einer milden Strafe: »Der Kerl wird zur Infanterie versetzt!« Seiner Liebhaberin wurde der Mann zwar beraubt, doch angesichts der Tatsache, dass bis Ende des 18. Jahrhunderts in Europa Sexualkontakte zwischen Mensch und Tier in der Regel mit dem Tode bestraft wurden – das galt für beide Beteiligte –, ist der Mann glimpflich davongekommen.

STRENGE HERRSCHER

Ludwig II. (1229 bis 1294), Herzog von Bayern und genannt »der Strenge«, gründete 1263 das Kloster Fürstenfeld im heutigen Fürstenfeldbruck nahe München. Ludwig stiftete das Kloster jedoch nicht aus reiner Nächstenliebe und tiefem Glauben, sondern um sich von einer Schuld reinzuwaschen. Er hatte seine Frau Maria von Brabant der Untreue verdächtigt. Fälschlicherweise, wie sich später herausstellte. Da hatte Ludwig seine Gattin samt zwei Hofdamen und einem Burgvogt aber bereits hinrichten lassen. Um Buße zu tun, stiftete er das Kloster Fürstenfeld und wandte sich dann geläutert der Brautsuche zu.

FRÜCHTCHEN

Die Fernsehshow TUTTI FRUTTI war zu ihrer Zeit ein großer Aufreger. Vom 21. Januar 1990 bis zum 21. Februar 1993 ging es um Länderpunkte, um etwas Preisgeld, um Spielregeln, die niemand verstand, und letztlich vor allem darum, dass ein paar Frauen strippten. Die Frauen gehörten zum »*Ballett Cin Cin*« und firmierten unter Obstsorten. Um das eindeutig zu vermitteln, klebten den Stripperinnen Obstsymbole auf den Brustwarzen, und zwar:

Erdbeere ❦ *Ananas* ❦ *Mandarine* ❦ *Kirsche*
Zitrone ❦ *Blaubeere* ❦ *Kiwi*

FREIE RADIKALE

Die amerikanische Schriftstellerin und Radikal-Feministin **Valerie Solanas** (geboren am 9. April 1936 in Atlantic City, New Jersey; gestorben am 26. April 1988 in San Francisco) wurde vor allem aufgrund ihres Mordversuchs an dem Künstler Andy Warhol bekannt. Außerdem war sie Gründerin und einziges Mitglied der Gesellschaft zur Vernichtung der Männer, S.C.U.M. (Society for Cutting up Men). Einige Auszüge aus dem Gründungsmanifest:

»(...) der Mann ist eine unvollständige Frau, eine wandelnde Fehlgeburt, die schon im Genstadium verkümmert ist. Mann sein heißt, kaputt sein. Männlichkeit ist eine Mangelkrankheit, und Männer sind seelische Krüppel.« (S. 25)

»Der Mann ist völlig egozentrisch, in sich selbst eingekerkert und unfähig, sich in andere hineinzuversetzen oder sich mit ihnen zu identifizieren, unfähig zu Liebe, Freundschaft, Zuneigung oder Zärtlichkeit. Er ist ein vollkommen isoliertes Einzelwesen, unfähig zu irgendwelchen Beziehungen mit anderen. Seine Reaktionen kommen aus den Eingeweiden, nicht aus dem Gehirn; seine Intelligenz ist lediglich Werkzeug seiner Triebe und Bedürfnisse; er ist unfähig zu geistiger Leidenschaft, geistigem Kontakt. Für ihn gibt es nichts außer seinen eigenen, physischen Sensationen. Er ist ein halbtoter, reaktionsloser Klotz, unfähig, Freude und Glück zu geben oder zu empfangen; so ist er bestenfalls ein altes Ekel, ein harmloser Tropf; denn Charme hat nur, wer auf andere einzugehen vermag. Der Mann ist irgendwo im Niemandsland zwischen Mensch und Affe stehen geblieben, wobei er schlechter dran ist als die Affen. (...) Obwohl er ausschließlich physisch existiert, ist der Mann nicht einmal als Zuchtbulle geeignet.« (S. 26)

»Der Mann ist von Natur aus ein Blutsauger, ein emotionaler Parasit und daher ohne moralische Lebensberechtigung; denn niemand hat das Recht, auf Kosten eines anderen zu leben. Wie die Menschen durch ihre höhere Entwicklung und ihr höheres Bewusstsein ein vorrangiges Lebensrecht gegenüber den Hunden haben, so haben die Frauen ein größeres Lebensrecht als die Männer. Die Vernichtung sämtlicher Männer ist daher eine gute und rechtliche Tat; eine Tat, die sich zum Wohl der Frauen wie zum Segen aller auswirken würde.« (S. 62–63)

DER KLAPPERSTORCH

Störche (Ciconiidae) leben in den Tropen, Subtropen und auch in gemäßigten Klimazonen. Zu dieser Vogelfamilie gehören insgesamt sechs Gattungen und 19 Arten. Die staksigen Störche zählen zu den sogenannten großen Schreitvögeln und leben bevorzugt in offenen Landschaften und lichten, von Gewässern durchzogenen Wäldern. Allen Storchgattungen und -arten sind lange Beine, ein langer, knickloser Hals und der lange, konisch zulaufende Schnabel gemein. Störche sind gute Flieger und ernähren sich in der Regel von kleinen Nagetieren, Fischen, Amphibien oder Reptilien. Aber es gibt Ausnahmen. Einige Arten, zum Beispiel der Marabu, sind Aasfresser. Der in Europa heimische Weißstorch wird auch Klapperstorch genannt. Sein Balzritual besteht vor allem aus heftigem Schnabelgeklapper. Gattungen und Arten der Storchfamilie:

NIMMERSATTE (Mycteria)
- WALDSTORCH (M. americana)
- MILCHSTORCH (M. cinerea)
- NIMMERSATT (M. ibis)
- BUNTSTORCH (M. leucocephala)

KLAFFSCHNÄBEL (Anastomus)
- MOHRENKLAFFSCHNABEL (A. lamelligerus)
- SILBERKLAFFSCHNABEL (A. oscitans)

EIGENTLICHE STÖRCHE (Ciconia)
- SCHWARZSTORCH (C. nigra)
- ABDIMSTORCH (C. abdimii)
- WOLLHALSSTORCH (C. episcopus)
- HÖCKERSTORCH (C. stormi)
- MAGUARISTORCH (C. maguari)
- WEISSSTORCH (C. ciconia)
- SCHWARZSCHNABELSTORCH (C. boyciana)

GROSSSTÖRCHE (Ephippiorhynchus)
SATTELSTORCH (E. senegalensis)
RIESENSTORCH (E. asiaticus)

JABIRUS (Jabiru)
JABIRU (J. mycteria)

MARABUS (Leptoptilos)
SUNDA-MARABU (L. javanicus)
MARABU (L. crumeniferus)
ARGALA-MARABU (L. dubius)

FRÜHER WAR ALLES ANDERS

In der französischen Schwanknovelle (Fabliau) aus dem 12. Jahrhundert mit dem Titel »Der Fischer von Pont-sur-Seine« beklagt sich ein Mann über sein Eheweib. Diese beteuert zwar, dass sie ihren Mann nur liebe, weil er ihr schöne Kleider kaufe und sie ernähre, doch er ist sich sicher: Sie will nur seinen Körper. Diesen Vorwurf, der Jahrhunderte später eher unter umgekehrten Vorzeichen bekannt ist, drückte er folgendermaßen aus:

» (...) ich verdiene
Deine Liebe, indem ich für dein Vergnügen arbeite.
Nicht für Putz und Kostbarkeiten
Lieben Frauen ihre Herren so sehr,
Wie sie's für's Ficken tun, sag ich.«

KATHOLISCHE KASTRATION

Nach MATTHÄUS 19, 12 sind *»manche (...) zur Ehe unfähig, manche sind von des Menschen dazu gemacht, und manche haben sich selbst dazu gemacht – um des Himmelreiches willen«*. Der bedeutende Theologe ORIGINES VON ALEXANDRIA (185–254) nahm diese Bibelstelle wörtlich und kastrierte sich selbst. Damit sicherte sich der Mann jedoch nicht nur die Bewunderung seiner Glaubensgenossen. Im Gegenteil: Das KONZIL VON NICÄA, das erste Kirchenkonzil nach der offiziellen Tolerierung des

Christentums durch das Römische Reich, gebot im Jahre 325, dass Geistliche, die sich selbst kastrieren, aus ihrem Amt entfernt werden müssen. Ein guter Christ solle sich verhalten, als sei er kastriert, aber keinesfalls tatsächlich das Messer gegen sein Geschlecht führen. Die Kirche maß später Eunuchen keine große Tugendhaftigkeit zu, da diese ja keine besondere Willenskraft benötigten. Tugendhaft war demnach, wer seine Triebe, sein Verlangen durch geistige Kraft im Zaum halten konnte.

EMPFÄNGNISVERHÜTUNG EXTREM

Aus der Abhandlung »PRACTICA SECUNDUM TOTAM«, verfasst von einer Heilkundigen, die im 12. Jahrhundert in Salerno gelebt hat:

> *»Nimm ein männliches Wiesel und lass seine Hoden entfernen und setze es anschließend wieder lebend in Freiheit. Lass die Frau diese Hoden, welche in die Haut einer Gans oder eines anderen Tieres gewickelt werden sollen, an ihrer Brust tragen, dann wird sie nicht empfangen.«*

VOR DER PILLE

Frauen benutzten zur Empfängnisverhütung Präparate aus:

Ingwer, Pfriemenkraut, Gemeine Osterluzei, Estragon, Wermut, Absinth, Lupine, Pfeffer, Wildformen der Karotte, Myrrhe, Süßholzwurzel, Pennyroyal, Raute, Pfingstrose, Petersilie, Blätter und Blüten der Trauerweide, Lebensbaum, Sadebaum, Rainfarn, Beifuß, Dill, Huflattich, Malve, Alraune, Nieswurz, Safran, Muskatnuss, Thymian, Kamille.

Weitere Rezepte:

Anbinden eines Blutsteins (Alaun) an den Oberschenkel, Tragen eines Gürtels aus Schlangenhaut, Trinken von Frauenmilch, Pessare aus Holz oder Leder; Smaragden wurde zugesprochen, dass sie den männlich Sexualtrieb hemmen; Fruchtfleisch von Granatäpfeln mit Alaun vermischt; Rauch aus den Klauen von Esel und Pferd oder Fischaugen.

WO KOMMEN DIE NAMEN HER?

In den englischen SUBSIDIENLISTEN (Verzeichnisse von Abgaben an die päpstliche Kurie) des 13. und frühen 14. Jahrhunderts finden sich zahlreiche Beinamen, die später offenbar als Familiennamen übernommen wurden. Auch Gerichts- und Steuerakten aus der Zeit liefern sexuell explizite Beinamen, die Leute trugen. Eine kleine Auswahl samt Übersetzung bzw. Deutung:

- BALLOC (Hoden)
- DAUBEDAME (Verführ-die-Frau)
- LEVALAUNCE (Erhebe den Speer, die französische Entsprechung zu Wagstaff und Shakespeare)
- GRANTAMUR (Große Liebe)
- COYLDEOR (Goldene Hoden)
- CLAWCUNTE (Klammerfotze)
- COLTEPINTEL (Hengstschwanz)
- WYTEPINTEL (Weißpenis)
- SILVIRPINTEL (Silberpenis)
- ASSBOLLOCK (Eselshoden)
- PLUKKERROSE (Pflück-die-Rose)
- PRYKEATAIL (Scheidenstecher)
- SWETTABEDDE (Süß im Bett)
- LUVLADY (Liebesdame)
- STREKELEVEDY (Streicheldame)

Aus: Ruth Maszo Karras, Sexualität im Mittelalter, S. 260 f.

KAMASUTRA 1

Die 64 Künste, die laut dem indischen Buch der Liebeskunst jeder Edelmann beherrschen und jede Frau heimlich erlernen sollte:

1 Gesang
2 Instrumentalmusik
3 Tanz
4 Zeichnen
5 Einritzen von Zeichen

6 Mandalas aus Reis und Blumen streuen
7 Kunstvolles Blumenstreuen
8 Zähne, Kleider, Haare, Nägel und Körper färben
9 Juwelen auf dem Boden auslegen
10 Das Lager richten
11 Wassermusik
12 Melodisches Wasserschlagen
13 Weiße Magie für Meditationen
14 Kränze und Girlanden aus Blumen winden
15 Frisuren mit Diademen, Kronen und Blumen
16 Toilettenkünste
17 Ohren schmücken
18 Parfüm und Wohlgerüche mischen
19 Schmucksachen anlegen
20 Zaubertricks
21 Aphrodisiaka zubereiten
22 Fingerfertigkeit und Geschicklichkeit im Spiel
23 Kochkunst nach verschiedenen Methoden
24 Getränke, Liköre und Fruchtsäfte zubereiten
25 Nähen, Weben und Sticken mit der Nadel
26 Das Fadenspiel
27 Mit Laute und Handtrommel musizieren
28 Rätselspiele
29 Versespiele
30 Schnellsprechverse
31 Vorlesen und Zitieren
32 Kenntnis von Dramen und Erzählungen
33 Ergänzung des gegebenen Verses eines Gedichtes
34 Rohrflechtkunst
35 Drechselarbeiten wie Reizringe für den Penis und Dildos herstellen
36 Architektur und Baukunst
37 Silber- und Edelsteinkunde
38 Kenntnisse der Metallurgie und Alchemie
39 Kenntnisse der Herkunft und des Färbens von Juwelen
40 Kenntnisse in Gartenbau und Baumpflege
41 Hahnen-, Wachtel- und Widderkämpfe veranstalten

42 Papageien und Ziervögel das Sprechen lehren
43 Massieren und Frisieren des Haares
44 Fingersprache
45 Verabredete Sprachen sprechen
46 Kenntnis der Dialekte
47 Blumenwagen schmücken
48 Vorzeichen und Omen erkennen und deuten
49 Alphabet der Diagramme
50 Gedächtnisspiele
51 Kenntnis des gemeinsamen Deklamierens
52 Geistspiele
53 Gedichte anfertigen
54 Kenntnis der Lexika
55 Kenntnis in Grammatik
56 Literarische Kenntnisse
57 Redekunst, Lieder gestikulierend vortragen
58 Kunst des Schauspiels und der Kostümierung
59 Glücksspiele
60 Würfelspiele
61 Spielzeuge anfertigen und Kinderspiele beherrschen
62 Etikette und gesellschaftliche Umgangsformen
63 Kenntnis der Strategie, Kampfkunde und Waffenlehre
64 Yoga und Sport

KAMASUTRA 2

Die acht unterschiedlichen Typen von Kratzspuren oder sogenannten Nägelmalen, die beim Liebesspiel entstehen können:

Das klingende Mal
Der Halbmond
Der Kreis
Die Linie
Die Kralle des Tigers
Die Kralle des Pfaus
Der Hasensprung
Das Lotosblatt

KAMASUTRA 3

Die Titel einiger Stellungen beim Geschlechtsverkehr, die im indischen Buch der Liebeskunst beschrieben werden:

Der Frosch → Der Jäger → Die Kuh → Triumphwagen
Sternenhimmel → Den Pfau füttern → Der Pflug
Der Tempel → Fischschwarm → Das Rad → Kokon
Schmetterling → Sultan → Antilope → Rajasthan → Entführung
Sternenblume → Das Pferd → Ewigkeit → Ekstase → Jacaranda
Den Elefanten reiten → Der Pfad des Lebens → Ganges

DIE SCHRECKLICHEN FOLGEN DER MASTURBATION

Krankheiten, die laut dem Schweizer Arzt Simon-André-David Tissot durch die Masturbation hervorgerufen werden und die er in seiner Publikation »Von der Onanie, oder Abhandlung über die Krankheiten, die von der Selbstbefleckung herrühren« (1760), in dieser Reihenfolge aufführt:

Sehstörungen	Kopfschmerzen
Augenringe	Geschlechtskrankheiten
Furunkel	Haarausfall
Fresssucht	Schwindsucht
Verdauungsstörungen	Rückenmarkschwund
Zittern der Knie	und dergleichen mehr
Liderzucken	

DIE VERSCHIEDENEN GESICHTER DER EHE

Einehe. Bezeichnet zwei Prinzipien: Heirat von einem Mann und einer Frau; sowie die Endgültigkeit der Ehe, das heißt nur eine Ehe im Leben.

Friedelehe oder Konsensehe. Heirat ohne die früher nötige Einwilligung der Familie der Braut und ohne Eigentumsübertragungen.

Gastehe. Überlassung der ehelichen Rechte an einen Besucher. Gibt es bei einigen traditionell lebenden Völkern in Sibirien wie den Tschuktschen.

Geistheirat. Bezeichnung eines Ritus, bei dem junge Mädchen mit einem Geistgatten verheiratet werden, der aus einer früheren Generation stammt.

Genussehe. Auch Zeitehe. Ein Bund für intime Stunden in islamisch geprägten Ländern. Wird vor einem Imam geschlossen. Dieser Bund kann unbefristet oder nur für wenige Stunden geschlossen werden.

Geschwisterehe. Heirat zwischen leiblichem Bruder und Schwester. Wurde z. B. im alten Ägypten und bei den Inka praktiziert, um den Fortbestand eines Herrscherhauses zu gewährleisten.

Glaubensehe. Auch Putativehe. Bezeichnung für eine Ehe, die ungültig ist, bei deren Schließung sich aber einer der beiden oder beide Partner im guten Glauben befanden, dass die Eheschließung rechtens sei.

Gruppenehe. Auch Gemeinschaftsehe. Ehe oder eheähnliche Verbindung mehrerer Männer mit mehreren Frauen.

Homoehe. Heirat gleichgeschlechtlicher Partner.

Josefsehe. Bezeichnet eine keusch gelebte Ehe, das heißt ohne Beischlaf.

Kaufehe. Eheschließung, bei der die Familie des Mannes an die Familie der Frau einen Brautpreis entrichten muss.

Kebsehe. Im Mittelalter gebräuchliche Bezeichnung von außerehelichen Affären eines Mannes mit einer Frau von niederem Stand. Kinder, die aus Kebsehen hervorgingen, wurden Kegel genannt.

Lerivatsehe. Heirat der kinderlosen Witwe des verstorbenen Bruders.

Nebenehe. Veraltete Bezeichnung für außereheliche Beziehungen.

Offene Ehe. Ehe, in der beide Partner sexuelle Beziehungen zu Dritten billigen.

Tauschehe. Hochzeitsschließung, bei der zwei Männer die Schwester des jeweils anderen heiraten.

unalua-Ehe. Bezeichnung dafür, wenn ein Ehehelfer zugelassen wird (z. B. auf Hawai). Ehehelfer ist die Bezeichnung für einen Mann, der bei Kinderlosigkeit eines Paares mit der Ehefrau Geschlechtsverkehr hat, bis diese schwanger ist.

Verwandtenehe. Heirat verwandter Brautleute.
Vielehe. Gibt es in zwei Ausprägungen: Polygynie – ein Mann, mehrere Frauen; Polyandrie – eine Frau, mehrere Männer.
Wilde Ehe. Abwertende Bezeichnung für eine nichteheliche Lebensgemeinschaft zwischen Männern und Frauen.

DANK MAMA, DANK PAPA

Kinder prominenter Eltern, deren Namen extravagant ausgefallen sind:

Ahmet Emuukha Rodan__Sohn des amerikanischen Musikers Frank Zappa
Apple Blythe Alison__Tochter von Schauspielerin Gwyneth Paltrow und Musiker Chris Martin
Audio Science Clayton__Sohn der US-Schauspielerin Shannyn Sossamon
Bluebell Madonna__Tochter der Sängerin Gerri Halliwell
Brooklyn__Sohn von David und Victoria Beckham
Chastity Sun (Keuschheit Sonne)__Tochter der Sängerin Cher
Cheyenne Savannah__Tochter von Schauspieler Uwe Ochsenknecht
Cosma Shiva Hagen__Tochter von Nina Hagen
Cruz__Sohn von David und Victoria Beckham
Dandelion__Sohn des Rolling Stones-Gitarristen Keith Richards
Daisy Boo__Tochter des britischen Fernsehkochs Jamie Oliver
Diva Thin Muffin Pigeen__Tochter des amerikanischen Musikers Frank Zappa
Dweezil__Sohn des amerikanischen Musikers Frank Zappa
Elijah Bob Patricius Guggi Q__Sohn des U2-Sängers Bono
Fifi Trixibelle__Tochter des Sängers Bob Geldof und der Moderatorin Paula Yates
Geronimo__Sohn des Musikers Alex James, Bassist der Pop-Band Blur
Heavenly Hirani Tiger Lily__Tochter des ehemaligen INXS-Sängers Michael Hutchence und der Moderatorin Paula Yates
Henry Günther Ademola Dashtu Samuel__Sohn von Model Heidi Klum und Sänger Seal
Ireland__Tochter der Schauspieler Alec Baldwin und Kim Basinger
Jermajesty__Sohn des US-Sängers Jermaine Jackson
Jimi Blue__Sohn von Schauspieler Uwe Ochsenknecht
Kingston James McGregor, Sohn der Sängerin Gwen Stefani
Moon Unit__Tochter des amerikanischen Musikers Frank Zappa
Moses Bruce Anthony__Sohn von Schauspielerin Gwyneth Paltrow und Musiker Chris Martin

Moxie Crime Fighter__Sohn des amerikanischen Magiers Penn Jillette

Mysty Kyd__Tochter von Sharleen Spiteri, Sängerin der Popband Texas

Nell Marmalade__Tochter der britischen Schauspielerin Helen Baxendale

Nuit Ma Ahathoor Hecate Sappho Jezebel Lilith__Tochter des Okkultisten Aleister Crowley

Peaches Honeyblossom__Tochter des Sängers Bob Geldof und der Moderatorin Paula Yates

Phoenix Chi__Tochter des Ex-Spice-Girls Mel B

Pilot Inspektor__Sohn des US-Schauspielers Jason Lee

Pixie__Tochter des Sängers Bob Geldof und der Moderatorin Paula Yates

Prince Michael__Sohn von Sänger Michael Jackson

Prince Michael II__Sohn von Sänger Michael Jackson

Racer__Sohn des amerikanischen Motocross-Profis Ronnie Renner

Reign Beau__Sohn des Schauspielers Ving Rhames

River Jude Bottom Phoenix__US-Schauspieler, Sohn von Arlyn und John Phoenix

Rider__Sohn des amerikanischen Motocross-Profis Ronnie Renner

Rocco Stark__Sohn von Schauspieler Uwe Ochsenknecht

Rocco__Sohn von Madonna und Guy Ritchie

Rolls__Sohn des niederländischen Motivationstrainers Emil Ratelband

Royce__Sohn des niederländischen Motivationstrainers Emil Ratelband

Romeo__Sohn von David und Victoria Beckham

Rufus Tiger__Sohn von Roger Taylor, Mitglied der Band Queen

Rumer Glenn__Tochter des Schauspielers Bruce Willis

Sage Moon Blood (Salbei oder Klug Mond Blut)__Sohn von Sylvester Stallone

San Diego__Sohn von Verona und Franjo Pooth

Satchel (Schulranzen)__Sohn von Woody Allen und Mia Farrow

Scout Larue__Tochter von Bruce Willis

Shiloh Nouvel__Tochter von Brad Pitt und Angelina Jolie

Speck Wildhorse__Sohn des Sängers John Mellencamp

Tallulah Belle__Tochter von Bruce Willis

Wilson Gonzalez__Sohn von Schauspieler Uwe Ochsenknecht

Zowie Bowie__Sohn des Musikers David Bowie. 1983 änderte er seinen Vornamen in Joey.

BELIEBTE ZÜCHTIGUNGSINSTRUMENTE

BAMBUSSTOCK ↠ ROHRSTOCK ↠ BIRKENRUTE ↠ GÜRTEL ↠ TAWSE, typisches schottisches Bestrafungswerkzeug aus einem Streifen sehr harten Leders ↠ RIEMEN ↠ TEPPICHKLOPFER ↠ HAARBÜRSTE ↠ PADDLE, paddelartiges Züchtigungsinstrument aus England ↠ KLOPFPEITSCHE, Peitsche mit etwa 40 Zentimeter langem Holzgriff und sieben bis 40 Zentimeter langen Lederriemen ↠ MARTINET, französische Variante der Klopfpeitsche, etwas kleiner ↠ NEUNSCHWÄNZIGE KATZE, Peitsche mit neun langen, geflochtenen Lederriemen ↠ KNUTE, lederne Peitsche ↠ EINSCHWÄNZIGE PEITSCHE, auch Single Tail, Bull- oder Snakewhip

EINE NACHT IN PARIS – PRIVATE PORNOS

Ob für private Freuden oder dafür, die Karriere durch einen inszenierten Skandal etwas anzuschieben: Immer wieder geraten private Sex-Videos Prominenter in Umlauf. Heute per Internet, früher unter der Hand und unter der Ladentheke. Eine Auswahl:

Baywatch-Nixe **Pamela Anderson** und der Rock-Schlagzeuger Tommy Lee. Das Video wurde angeblich zu privatem Vergnügen während ihrer Hochzeitsnacht aufgenommen. Außerdem geistert seit Jahren ein Video durch das Internet, das Pamela Anderson mit Bret Michaels zeigt, dem Sänger der Band Poison.

Millionenerbin **Paris Hilton** und ihr damaliger Freund Rick Salomon. Dieser vermarktet das Video später unter dem Titel »1 Night in Paris«.

Schauspieler **Colin Farrell** und seine ehemalige Freundin, das Playmate Nicole Narain. Farrel konnte sich 2006 erfolgreich dagegen zur Wehr setzen, dass das Video weiter im Internet verbreitet wurde.

Das amerikanische Supermodel **Carolin Murphy** und ihr Ehemann **Jake Schroeder**. Dieser versuchte angeblich, das private

Video, das in ihrer Hochzeitsnacht auf Barbados entstanden war, zu vermarkten.

Ex-Baywatch-Darstellerin **Gina Lee Nolin** und ihr Ex-Mann **Greg Fahlman.**

Eiskunstläuferin und »Eishexe« **Tonya Harding** und ihr Ex-Mann **Jeff Gillooly.** Das Video zeigt Harding im Hochzeitskleid, allerdings wurde der Film angeblich zu Halloween aufgenommen.

Das englische Society-Luder **Katie Price.** Mit wem sie auf dem Video, das angeblich aus ihrem Auto gestohlen wurde, zu sehen ist, wurde nie wirklich aufgeklärt.

Der amerikanische Schauspieler **Robert »Rob« Hepler Lowe** ist in einem Video mit zwei weiblichen Fans zu sehen. Eine der beiden war angeblich noch minderjährig.

Die koreanische Popsängerin **Baek Ji Young** erlebte einen Karriereknick, als im Herbst 2000 im Internet ein Video auftauchte, das sie mit ihrem Manager beim Sex in einem Hotel zeigte.

Pornodarstellerin **Janine Lindemuller** und der Sänger der Rockband Mötley Crüe **Vince Neil.**

Limp Bizkit-Sänger **Fred Durst** mit einer unbekannten Frau. Das Video wurde angeblich von der Festplatte seines Computers gestohlen.

Mimi McPherson, Schwester des australischen Supermodels Elle McPherson, und ihr damaliger Partner.

Regisseur **Roman Polanski** und seine damalige Frau **Sharon Tate** nahmen 1969 ein privates Sex-Filmchen auf. Der Film wurde nach der Ermordung von Sharon Tate durch Mitglieder der Manson Family im Zuge der Ermittlungen beschlagnahmt.

Rockstar **Kid Rock** und der ehemalige Creed-Sänger **Scott Stapp** sind auf einem Video mit vier weiblichen Fans im Tourbus zu sehen.

Britney Spears und **Kevin Federline** haben ihre Liebe angeblich auch auf ein Video gebannt, das laut Gerüchten später aus ihrem Haus gestohlen wurde.

MATRIARCHALISCHE VÖLKER – WO FRAUEN DAS SAGEN HABEN

ARAWAK
Auch Taino oder Arawaken, ca. 60.000 Angehörige in Peru, Kolumbien und Venezuela

GOND
Dravidisches Volk in Zentralindien, ca. 4 Millionen Angehörige, Hauptsiedlungsgebiet im Bundesstaat Madhya Pradesh

HAUDENOSAUNEE
Bund aus sechs sprachverwandten Völkern nordamerikanischer Ureinwohner, die alle irokesische Sprachen benutzten, ca. 75.000 Angehörige

KHASI
Volk im indischen Bundesstaat Meghalaya, ca. 1 Million Angehörige

MINANKABAU
Ethnie auf der indonesischen Insel Sumatra

MOSUO
Leben im Südwesten der Volksrepublik China

SIRAYA
Ureinwohner Taiwans, deren Angehörige heute im flachen Südwesten der Insel leben

TUAREG
Zu den Berbern zählendes Volk in Afrika. Sie leben seit Jahrhunderten als Nomaden im Gebiet der heutigen Staaten Algerien, Burkina Faso, Libyen, Mali, Mauretanien, Niger und Nigeria und zählen etwa 1 Million Angehörige

WARAO-INDIANER
Leben im Orinoko-Delta in Venezuela, ca. 20.000 Angehörige

FUCKING HELL!

Das englische Wort *»Fuck«* bedeutet im wörtlichen Sinne *»Ficken«*. Im täglichen Sprachgebrauch wird es allerdings so kreativ und flexibel eingesetzt, dass *»Fuck«* in einem Satz sehr häufig auftauchen kann. Zwei Extrem-Beispiele, die das Online-Lexikon Wikipedia aufführt:

»Fuck the fucking fuckers!«

(Heißt so viel wie: *»Vergiss diese beschissenen Scheißkerle«*)

»Fucking fucker's fucking fucked, fuck!«

(Könnte man so übersetzen: *»Verdammte Scheiße, das scheiß Ding ist im Arsch, verdammte Scheiße noch mal«*)

DAS UR-»FUCK«

Das Wort *»Fuck«* hat die Welt ebenso erobert wie Big Macs und Coca-Cola. Zu seinem Siegeszug trat das F-Wort 1967 an. In diesem Jahr wurde das Wort erstmals in einem Film verwendet, in *»I'll Never Forget What's 'is Name«* mit Marianne Faithful.

EINDEUTIGE STROPHEN – EIN PAAR LIEDER MIT »FUCK«

Beck, ***Fucking With My Head***
Dead Kennedys, ***Too Drunk To Fuck***
Eminem, ***Just Don't Give A Fuck***
Kid Rock, ***Fuck Off***
Oasis, ***Fuckin' In The Bushes***
Peaches, ***Fuck The Pain Away***
Pearl Jam, ***Fuckin' Up***
PJ Harvey, ***Who The Fuck***
Scooter, ***Fuck The Millennium***
The Smashing Pumpkins, ***Silverfuck***
Sofaplanet, ***Lieb ficken***
Tenacious D, ***Hard Fucking***
The Vines, ***Fuck The World***

FILMOGRAFIE SASCHA HEHN 1971 BIS 1981

Sascha Hehn ist vor allem als Traumschiff-Steward und Mitglied der »Schwarzwaldklinik« bekannt. Vor diesen Erfolgen nahm er einige andere Rollen an.

1971 Schüler-Report
1971 Mädchen beim Frauenarzt
1972 Lehrmädchen-Report
1972 Die Klosterschülerinnen
1972 Hausfrauen-Report
1972 Blutjung und liebeshungrig
1972 Schulmädchen-Report 4
1973 Das Wandern ist Herrn Müllers Lust
1973 Blau blüht der Enzian
1973 Junge Mädchen mögen's heiß, Hausfrauen noch heißer
1973 Was Schulmädchen verschweigen
1973 Schulmädchen-Report 6
1973 Schloss Hubertus
1974 Magdalena, vom Teufel besessen
1975 Die Brücke von Zupanja
1975 Verbrechen nach Schulschluss
1976 The Outsiders
1976 Albino
1976 Notarztwagen 7
1978 Hausfrauen-Report 6
1978 Melody in Love
1979 Wie Rauch und Staub
1979 Nackt und heiß auf Mykonos
1979 Traumbus
1980 Patrizia
1980 Kreuzberger Liebesnächte
1980 Kolportage
1981 Pin-ups und ein heißer Typ
1981 Burning Rubber

KULTURTECHNIK

Die Pornobranche glänzt mit unfreiwillig komischen Filmtiteln. Ein paar Beispiele aus dem Schaffen der Darstellerin Anja Juliette Laval:

Unschuldig mit 18
Anja & Conny: Wilder Sex in fremden Betten
Die Verfickte Praxis
Teeny Car Wash Center
Ein Sommertagstraum
Sexy-Weekend: After-Workparty
Die Magma-Pornoparty
Klinik der Lust
Hotel Fickmichgut
Der Fluch des Scheichs
Carmens Sexwelt – Einladung zum geilen Ficken
Au-Pair-Teenies
Anjas verfickte Schultage
Anja Juliette Laval: Private Collection
Die 8. Sünde
2002 wilde Sex-Nächte
Der Megascharfe Waschsalon
Anal Kommando
Tyra Misoux … süß wie Schokolade …
Neue Sklaven für die Domina
Print Shop Pussy – Naturgeile Mitarbeiterinnen
Ohne Bockschein darf kein Bock rein!
Sperma-Lutscher
Magma's Superheiße Star Revue
Das Beste von Renee Pornero

BEKANNTE AKTFOTOGRAFEN

Nobuyoshi Araki • David Bailey • Auguste Belloc
John Ernest Joseph Bellocq • Andreas Bitesnich
Jacques Bourboulon • Robert Demachy • Wilhelm von Gloeden
David Hamilton • Petter Hegre • Lotte Herrlich • Thomas Karsten

Richard Kern ⚫ Eric Kroll ⚫ Annie Leibovitz ⚫ Man Ray
Robert Mapplethorpe ⚫ Felix-Jacques-Antoine Moulin
Eadweard Muybridge ⚫ Helmut Newton ⚫ Guglielmo Plüschow
Léopold Reutlinger ⚫ Bettina Rheims ⚫ Terry Richardson
Gerhard Riebicke ⚫ Johannes Kornfeld ⚫ Jan Saudek
Ralph Schultze ⚫ Jeanloup Sieff ⚫ Alfred Stieglitz ⚫ Jock Sturges

LIEBE IM BÜRO

Darstellerinnen von Miss Moneypenny, Sekretärin im Vorzimmer von M und ewige Bewunderin von James Bond:

Lois Maxwell = 14 Bond-Filme ⚫ **Barbara Bouchet** = 1
Caroline Bliss = 2 ⚫ **Pamela Salem** = 1 ⚫ **Samantha Bond** = 4

MEIN NAME IST BOND, BOND-GIRL

Martini – geschüttelt, nicht gerührt – und Mädchen sind die wichtigsten Begleiter des Agenten im Dienste Ihrer Majestät. Bond-Girls und andere weibliche Versuchungen in den 007-Filmen trugen oft Namen, die aus eindeutigen Wortspielen bestanden. Die Mädchen in den Bond-Filmen hießen:

Honey Ryder ⚫ Sylvia Trench ⚫ Tatiana Romanova
Jill Masterson ⚫ Pussy Galore ⚫ Dominique Derval
Patricia Fearing ⚫ Fiona Volpe ⚫ Paula Caplan
Aki ⚫ Kissy Suzuki ⚫ Helga Brandt ⚫ Tracy di Vecenzo
Ruby Bartlett ⚫ Tiffany Case ⚫ Plenty O'Toole ⚫ Miss Caruso
Solitaire ⚫ Rosie Carver ⚫ Mary Goodnight ⚫ Andrea Anders
Anya Amasova ⚫ Naomi ⚫ Holly Goodhead ⚫ Corinne Dufour
Melina Havelock ⚫ Bibi Dahl ⚫ Countess Lisl von Schlaf
Octopussy ⚫ Magda ⚫ May Day ⚫ Stacey Sutton ⚫ Pola Ivanova
Kara Milovy ⚫ Pam Bouvier ⚫ Lupe Lamora ⚫ Natalya Simonova
Xenia Onatopp ⚫ Paris Carver ⚫ Wai Lin ⚫ Dr. Molly
Dr. Christmas Jones ⚫ Elektra King ⚫ Jinx
Miranda Frost ⚫ Vesper Lynd ⚫ Solange ⚫ Valenka

NACKT AUF DEM TEPPICH

Der berühmte **WANDTEPPICH VON BAYEUX**, zu Ehren der Eroberung Englands durch die Normannen im Jahr 1066, zeigt einen Mann mit erigiertem Penis, der einer nackten Frau nachjagt. Angeblich wurde der Teppich von Nonnen im Auftrag des Bischofs Odos von Bayeux gewoben. Wessen Idee es war, den nackten Mann ins Zentrum des Teppichs zu setzen, ist nicht überliefert.

SPERMA

Ein Mann kann an einem einzigen Tag bis zu 300 Millionen Spermien produzieren.

Der Southern Right Wal hat die größten Hoden im Tierreich: Sie wiegen jeweils 45 Kilogramm. Ejakuliert das gewaltige Tier, stößt es etwa 20 Liter Sperma aus.

Vincent Gallo, exzentrischer Schauspieler und Sänger, versuchte im September 2005 sein eigenes Sperma beim Internetauktionshaus Ebay zu versteigern. Der Preis für seinen Samen: eine Million Dollar. Trotz des hohen Preises hatte Vincent Gallo noch eine weitere Bedingung: Käuferinnen sollten am besten Blondinen sein, die direkte Nachfahren deutscher Wehrmachtsoldaten sind.

Eine durchschnittliche Ejakulation des Mannes enthält 300 Millionen Spermien. Damit ließen sich – rein theoretisch – fast sämtliche Frauen Europas befruchten. Schließlich entsteht ein Embryo durch die Verschmelzung eines einzigen Spermiums mit der weiblichen Eizelle. Warum betreibt der Körper des Mannes eine derartige Verschwendung? Teamwork lautet in etwa die Antwort, welche die britischen Biologen Robin Baker und Mark Bellis auf diese Frage geben. So nehmen nur etwa ein Prozent der ejakulierten Spermien überhaupt am Wettlauf zur Eizelle teil. Die übrigen 99 Prozent – so spekulieren Baker und Bellis – sind aggressive und unfruchtbare Kämpfer, die nur dazu da sind, die eigene Vorhut gegen fremde Konkurrenz abzusichern. Dieses Heer teilt sich auf in die Blockierer, die einfach die Räume zustellen, sodass fremde Spermien möglicher Konkurrenten nicht durchkommen, und in Kämpfer, die fremde Spermien attackieren.

Wie viele Spermien ein Mann mit einer Ejakulation ins Rennen zur Eizelle schickt, hängt auch vom Verhalten der Partnerin ab. War sie seit dem letzten Beischlaf stets an seiner Seite, bestand also keine Gefahr, dass sie fremdgegangen ist, schwimmen nur etwa 100 Millionen Spermien im Ejakulat. Anders, wenn sie und er drei Tage getrennt verbracht haben. Schlafen sie dann miteinander, erhöht sich die Zahl der Spermien bei einer Ejakulation auf etwa 500 Millionen. Der Mann steigert sein Investment, um potenzielle Konkurrenten zu übertreffen, argumentieren die britischen Biologen Robin Baker und Mark Bellis. Wenn der Mann masturbiert, variiert die Spermienmenge übrigens nicht.

GEORGE, GEORGE UND GEORGE

Der frühere Boxweltmeister im Schwergewicht GEORGE FOREMAN hat zehn Kinder – fünf Söhne und fünf Töchter. Alle fünf Söhne tragen den Namen GEORGE EDWARD FOREMAN. Gerufen werden sie: GEORGE JR., GEORGE III., GEORGE IV., GEORGE V. und GEORGE VI. Von seinen Töchtern trägt nur eine den Namen GEORGETTE.

SEX AUS DER FERNE

»Der Irak-Krieg löste so etwas wie einen Boom für unser Geschäft aus.« So erklärte Steve Rhodes, Präsident von Sinulate Entertainment, im Frühjahr 2006 den Umsatzanstieg seines Unternehmens. Die Firma verkauft Sexspielzeug – etwa den Sinulator – mit dem zwei Menschen über das Internet miteinander geschlechtlich verkehren können. So kann der jeweils andere etwa einen Dildo oder Vibrator, der mit dem Computer des Partners verbunden ist, aus der Ferne steuern.

DER VERFRÜHTE LETZTE AKT

»Der letzte Akt ist vorüber« – unter dieser Überschrift erschien in der Zeitschrift SUPER ILLU im Frühjahr 2006 ein Nachruf auf den berühmten Aktfotografen GÜNTER RÖSSLER. Da war der Altmeister der DDR-

Aktfotografie, der Helmut Newton des Ostens, aber noch quicklebendig und ob des verfrühten Nachrufs ziemlich sauer.

GESCHLECHTERKRIEG 1

Die beiden Feministinnen **Shulamith Firestone** und **Marge Piercy** forderten, dass menschliche Fortpflanzung künftig mittels Gen-Technologie erledigt werden soll. Frauen würden so von der biologischen Notwendigkeit des Kinderkriegens befreit und kämen endlich einen entscheidenden Schritt voran in Richtung Gleichberechtigung.

GESCHLECHTERKRIEG 2

»Ein Esel ist wie eine Hausfrau. Eigentlich ist der Esel einen Tick besser, denn während eine Hausfrau sich manchmal beschwert und nach Hause zu ihren Eltern zurückkehrt, wird man einen Esel niemals dabei erwischen, dass er seinem Meister untreu ist.«

So zitiert die Zeitung TIMES OF INDIA aus einem Schulbuch, mit dem sich 14-jährige Kinder im westindischen Bundesstaat Rajasthan auf das Leben nach der Schule vorbereiten.

SITTEN 1

Bei den FULBE, einem Volk im nördlichen Kamerun, werden Männer, die zu viel Zeit mit ihrer Frau verbringen, öffentlich verspottet. Männer, die sich als zu nachgiebig zeigen, setzen sich dem Verdacht aus, einem Fluch anheimgefallen zu sein. Die Anzeichen der Liebe gelten den Fulbe als verwerflich und werden mit einer Krankheit gleichgesetzt.

SITTEN 2

Beim Volk der WARI im alten Peru war Bierbrauen das Privileg höhergestellter Frauen. So interpretieren amerikanische Archäologen die zahlreichen eleganten Metallnadeln für Umschlagtücher, die sie in den Überresten einer etwa 1.000 Jahre alten großen Brauerei im Süden Perus gefunden haben.

SITTEN 3

Um den Männern zu gefallen, lernten bei den neuseeländischen MAORI die Töchter von ihren Müttern, ihr Hinterteil richtig in Szene zu setzen. Der Name des aufreizenden Wiegeschritts: *onioni*. Zu Deutsch: *bumsen*.

SITTEN 4

In Indien wird EUNUCHEN – Männern, deren Hoden vor der Pubertät entfernt wurden – die Fähigkeit zugeschrieben, sowohl wirksam segnen als auch verfluchen zu können. Auf Hochzeitsfesten werden sie deshalb für gute Wünsche bezahlt.

SITTEN 5

Im alten Rom hatten betrogene Ehegatten das Recht, Nase und Ohren ihres Nebenbuhlers abzuschneiden, wenn sie ihn auf frischer Tat ertappten.

SITTEN 6

Bei den MEDLPA auf Neuguinea gibt es einen sogenannten Werbetanz. Dabei laden die Eltern von Töchtern potenzielle Ehemänner ein. Mann und Frau beginnen dann singend Stirn und Nase gegeneinanderzudrücken. Und zwar jeweils zweimal, anschließend verbeugen sie sich zweimal voreinander und drücken schließlich wieder die Köpfe aneinander. Ziel der Zeremonie ist, dass die Paare einen gemeinsamen Rhythmus finden. Je besser sie ihren Takt aufeinander abstimmen, desto besser passt ein Paar zusammen, so die Überzeugung der Medlpa.

SCHÖNER STREITEN 1

KURT HAHLWEG von der Technischen Universität Braunschweig bringt Paaren, die kurz vor ihrer Hochzeit stehen, bei, wie sie richtig streiten. Der Streitkurs sei ein »wissenschaftlich fundiertes Handwerkszeug zur Konfliktlösung«, sagt der Psychologe. Dass es hilft, hat er in einer eigenen Studie zu ermitteln versucht: Demnach sind Paare, die bei ihm wissenschaftliches Streiten gelernt haben, nach drei Jahren Ehe gemeinsam glücklicher als andere Paare.

SCHÖNER STREITEN 2

Der amerikanische Mathematiker und Psychologe JOHN GOTTMAN beobachtet in seinem Liebeslabor seit Jahren Paare. Der Mann behauptet, so viel Erfahrung zu haben, dass ihm fünf Minuten reichen, um zu wissen, ob ein Paar zusammenbleiben oder sich trennen wird. Das Verblüffende: Es scheint zu funktionieren. In einem Versuch ließ Gottman 130 frisch verheiratete Paare vor der Kamera 15 Minuten lang über die ständig wiederkehrenden Probleme ihrer Beziehung streiten. Anschließend wertete der Psychologe die Videos aus und sagte voraus, welche Paare zusammenbleiben und welche sich trennen würden. Als er seine Probanden sechs Jahre später erneut kontaktierte, stellte sich heraus: Die Trefferquote des Psychologen lag bei 83 Prozent.

SCHÖNER STREITEN 3

Ehekrach geht auf das Herz, und zwar im unromantischen Sinne. Das ist das Ergebnis einer Studie der UNIVERSITÄT UTAH unter 150 älteren Ehepaaren. Bei Frauen, deren Gatten aggressive Streithähne sind, ist eine Verkalkung der Herzkranzgefäße wahrscheinlicher als bei Frauen, die in einer harmonischen Ehe leben. Bei Männern schlägt es vor allem auf den Zustand der Herzkranzgefäße, wenn sich ihre Ehefrau sehr kontrollierend verhält.

SCHÖNER STREITEN 4

Einer Studie zufolge verhalten sich Eheleute Fremden gegenüber freundlicher als gegenüber ihrem eigenen Ehepartner. Das gilt sogar für zufriedene Paare, für unzufriedene erst recht.

SCHÖNER STREITEN 5

Sie klagt, er wehrt ab. Klingt nach dem Klischee einer Ehe und entspricht doch häufig der Wirklichkeit. Wie diverse Studien gezeigt haben, sprechen Frauen eher die Probleme in einer Partnerschaft an als Männer. Was die Untersuchungen noch gezeigt haben: Frauen machen sich im Durchschnitt überhaupt mehr Gedanken über eine Partnerschaft als die meisten Männer.

SCHÖNER STREITEN 6

Paare werden sich im Lauf der Zeit immer ähnlicher? Die Forschungsergebnisse neuseeländischer Psychologen erschüttern diese Annahme. Die Forscher ließen insgesamt 74 Ehepaare streiten und befragten sie anschließend danach, was während des Konflikts im Kopf des jeweils anderen vorgegangen ist. Das Ergebnis: Je länger das Ehepaar schon zusammenlebte, desto weniger Ahnung hatte es, was der andere dachte. Trotzdem waren die meisten Probanden, die schon in langjährigen Ehen lebten, davon überzeugt, dass sie ihren Partner genau kannten.

SCHÖNER STREITEN 7

Die häufigsten Gründe für Streit in Prozent, Mehrfachnennungen möglich:

Organisation des Alltags	46 %
Freizeitaktivitäten	27 %
Zeitmangel	25 %
Grundsätzlich unterschiedliche Ansichten	25 %
Geld	21 %
Häufigkeit und/oder Qualität von Sex	16 %
Freiheiten, die der Partner haben darf	15 %
Partner/in verbringt zu viel Zeit im Job	14 %

Quelle: Earsandeyes/Focus, 2006

SCHNÄPPCHEN-SEX

Wer in Australien in der Sexbranche arbeitet, kann die dafür notwendigen Investitionen weitgehend von der Steuer absetzen. Der australische Fiskus erkennt Ausgaben für Kondome, Vibratoren, Gleitmittel oder sexy Outfits als steuerrelevante Kosten an. Wer seine Kunden zu Hause empfängt, darf zusätzlich ein Arbeitszimmer geltend machen. Make-up und Friseurbesuche werden dagegen nur anerkannt, wenn der Sexarbeiter sein Gewerbe auf einer Bühne ausübt.

SUCHT NACH SEX

Nach Erkenntnissen der Deutschen Gesellschaft für Psychiatrie, Psychotherapie und Nervenheilkunde (DGPPN) leiden in Deutschland etwa 500.000 Menschen an Sexsucht. Die Betroffenen zeigten Merkmale, die auch Menschen aufweisen, die von Drogen wie Kokain oder Cannabis abhängig sind. Sexsucht sei demnach als ernst zu nehmende Krankheit zu bewerten, schließlich verschuldeten sich viele Betroffene, indem sie viel Geld für Telefonsex, Pornografie oder Bordellbesuche ausgeben.

CYBER-COMING-OUT

Im Internet trauen sich heterosexuelle Männer eher, Sex mit ihren Geschlechtsgenossen zu haben, als in der Realität. Bei einer Online-Befragung durch Michael W. Ross von der schwedischen Universität Malmö gaben etwa 10 Prozent der Teilnehmer an, dass sie zwar heterosexuell seien, aber das Netz schon einmal genutzt hätten, um Cybersex mit einem anderen Mann zu haben.

IM SCHLAF

Der amerikanische Psychiater und Verhaltensforscher Christian Guilleminault untersucht an der Stanford School of Medicine Patienten, die an einer seltenen Störung leiden: Sleep Sex. Gemein ist diesen Menschen, dass sie nachts zum Beispiel laut stöhnen, ihre Bettnachbarin durch massive Masturbation irritieren oder gar versuchen, sie zu vergewaltigen. Am nächsten Morgen können sich die Patienten an nichts erinnern. Was das seltsame Verhalten dieser Menschen, die lange für Simulanten gehalten wurden, auslöst, ist noch nicht geklärt.

HÜTER DER ONANISTEN 1

Die griechische Gottheit **PAN** ist der Gott des Waldes und der Natur. Pan war für seine Freude an Musik, Tanz und Fröhlichkeit bekannt, außerdem für seine ausgeprägte Wollust, die er mit zahlreichen Nymphen und Satyren teilte. Und eines noch: Pan ist in der griechischen Mythologie auch die Schutzgottheit der Masturbation.

HÜTER DER ONANISTEN 2

MARK TWAIN (Tom Sawyer, Huckleberry Finn) hat sich um die Entmystifizierung der Masturbation verdient gemacht. Der amerikanische Schriftsteller (1835 bis 1910) hielt 1879 vor dem Stomach Club, einer Gesellschaft amerikanischer Schriftsteller und Künstler in Paris, einen Vortrag mit dem Titel: »Some Thoughts on the Science of Onanism« (Einige Gedanken zur Wissenschaft der Onanie). Darin wird der römische Imperator **CÄSAR** mit folgender Ansicht zur Masturbation zitiert: *»Dem Einsamen ist sie Gesellschaft; dem Verlassenen ein Freund; dem Alternden und Impotenten ein Wohltäter.«* Publiziert wurde der Aufsatz Mark Twains erst 1943 – in einer Auflage von nur 50 Stück.

DIE SCHRECKLICHEN FOLGEN DER ONANIE

Der Philosoph **FRIEDRICH NIETZSCHE** war auf den Komponisten **RICHARD WAGNER** lange Zeit nicht gut zu sprechen. Eine »tödliche Beleidigung« habe ihm der Komponist angetan, zürnte Nietzsche. Der Grund: Wagner hatte dem Leibarzt des Philosophen im Oktober 1877 einen Brief geschrieben, indem er darauf hinwies, dass die Kopfschmerzen Nietzsches ziemlich sicher eine Folge zügelloser Masturbation seien.

Seit der Geschichtsprofessor THOMAS W. LAQUEUR von der Universität Berkeley in Kalifornien ein Buch über die Onanie geschrieben hat, trägt er den Spitznamen »*Professor Wichs*«.

❣

1712 erschien in England ein kleines Buch mit dem Titel »Onania; oder die abscheuliche Sünde der Selbstbefleckung«. Das anonym veröffentlichte Pamphlet geißelte als Erstes die angeblich furchtbaren Folgen der Masturbation und war bald in ganz Europa ein Erfolg. Auf Grundlage dieser Thesen verbreitete sich die Annahme, man könne durch Masturbation ernsthaft krank werden. Der Verfasser von »Onania« war vermutlich ein gewisser John Marten, Arzt aus London. Dieser verkaufte zugleich eine selbst hergestellte Medizin gegen die Folgen der Masturbation. Zuvor hatte er – offenbar ohne wirtschaftlichen Erfolg – erotische Geschichten veröffentlicht.

❣

Die *Berliner Monatsschrift*, eine hoch angesehene Zeitschrift, in der zum Beispiel auch Immanuel Kant veröffentlichte, veranstaltete 1786 einen Wettbewerb für den besten Aufsatz, wie man Menschen von der Masturbation abhält.

❣

Der biblische Onan, den Gott mit dem Tod bestrafte, weil er laut Bibel »seinen Samen zur Erde fallen« ließ, ist zu Unrecht Namensgeber der Onanie geworden. Er masturbierte nicht, sondern vollzog einen Coitus interruptus. Onan hatte sich geweigert, das Eheweib seines verstorbenen Bruders zu begatten.

❣

In Frankreich kitzelten bis ins 17. Jahrhundert Kindermädchen kleinen Knaben den Penis, um sie ruhig zu halten. Auch König Ludwig XIII. kam in diesen Genuss. Sein Leibarzt sorgte dafür, dass die Kenntnis davon für die Nachwelt erhalten blieb.

❣

John Harvey Kellog, Erfinder der Corn Flakes, war fanatischer Gegner der Masturbation. Der Amerikaner sprach sich dafür aus, Jungen ohne Narkose zu beschneiden und Mädchen die Klitoris zu verstümmeln.

WEIBLICHES WASSER

95 Liter Tränen vergießt ein durchschnittlicher Mensch in seinem Leben. In so gut wie allen Kulturen der Welt sind es die Frauen, die mehr weinen (oder in Umfragen zugeben, dass sie näher am Wasser gebaut sind). So lässt eine Frau, wenn sie einmal weint, 50 Tränen zu je 15 Milligramm kullern. Warum Frauen mehr weinen? Psychologen bieten folgende Erklärung an: Weinende Frauen können auf positivere Reaktionen hoffen als Männer.

JUNGFERNZEUGUNG

Manche Lebewesen vermehren sich durch Parthenogenese oder Jungfernzeugung. In den fünfziger Jahren des 20. Jahrhunderts argumentierte die britische Genetikerin Helen Spurway, dass der Mensch das einzige Säugetier sei, bei dem es zur Jungfernzeugung kommen könnte. Daraufhin forderte die Zeitung *Sunday Pictorial* ihre Leserinnen auf, sich zu melden, sofern sie durch Jungfernzeugung empfangen hätten. 19 Frauen tauchten schließlich mit ihren Töchtern auf, jedoch war schon nach Blutgruppenuntersuchungen klar, dass deren Behauptungen Unsinn war.
Zu Recht hätten sich jedoch folgende Tiere melden können, die sich tatsächlich gelegentlich mittels Parthenogenese vermehren:

- Bärtierchen
- zahlreiche Insekten, etwa die Große Sägeschrecke
- einige Spinnentiere, etwa Skorpione
- Krebse, z. B. der Marmorkrebs
- Schnecken
- Eidechsen
- Geckos
- einige Schlangenarten, etwa die Strumpfbandnatter
- Kopfläuse

ZÜCHTIG TROTZ WESPENTAILLE

96 – 50 – 83, das sind die Wespentaillen-Maße von **BARBIE**, wenn man die Proportionen der Puppe auf eine ausgewachsene Frau umrechnen würde. Zu sexy, genauso wie das Outfit, das der Hersteller für die Puppen anbietet, fand die Kalifornierin Monica Garcia und schritt zur Tat. Unter dem Label »Ms Modesty« begann sie züchtige Kleidung für Barbie anzubieten. Ganz nach den Regeln des orthodoxen Judentums, dem Monica Garcia angehört. Barbies Hersteller reagierte gelassen: Schließlich hatten andere Anbieter zuvor auch schon mal eine Sado-Maso-Kollektion für die erfolgreiche Puppe entworfen.

LUSTVOLL BETEN

Als der Bewerbungsprozess für die neuen Internetdomains mit der Endung .eu begann, war vor allem das Interesse an der Adresse **sex.eu** groß. Unter den Bewerbern war auch eine evangelikale Kirchengemeinde aus den Niederlanden. Die Presse interpretierte das Interesse der Volle Evangelie Gemeente Rehoboth an dem pikanten Domainnamen als Wunsch der Geistlichen, direkten Kontakt zu gefallenen Engeln herstellen zu können. Vielleicht lockte auch die Aussicht auf viel Geld: Der Besitzer der Domain sex.com verkaufte seine Rechte an dem Namen im Januar 2006 für 14 Millionen US-Dollar.

ZUCHTHENGSTE

HEIDI FLEISS, die bis zu ihrer Verhaftung 1995 in Hollywood einen Callgirlring für die Reichen und Schönen betrieb, versucht ins Geschäft zurückzukommen. Im US-Bundesstaat Nevada, wo Prostitution teilweise legal ist, plant sie ein Bordell für Frauen. Der Name: »Heidis Zuchthengst-Farm«.

GESUND DURCH SEX

Der SUNAMITISMUS ist eine Heilmethode, die auf der angeblich segensreichen Wirkung von Körperausdünstungen basiert. Insbesondere die Gerüche junger Menschen – vor allem die von Jungfrauen – sollen heilsam sein, glaubte man im Altertum, was oft als Ausrede für außerehelichen Beischlaf gedient haben mag. So ist in der Bibel beschrieben, wie dem alten König David durch diese Therapiemethode geholfen werden sollte. Die schöne Abisag von Sunem sollte den siechen Greis mit allen Mitteln pflegen. König David war zwar wohl schon zu alt, um der Schönen beizuwohnen, doch er soll sie immer wieder ausführlich geküsst haben. Der britische Philosoph und Staatsmann Francis Bacon (1561 bis 1626) war ein Anhänger dieser Methode.

KUSS – AUSTAUSCH VON KÖRPERFLÜSSIGKEITEN

Bei einem leidenschaftlichen Zungenkuss werden im Durchschnitt 60 mg Wasser, je 0,7 mg Eiweiß und Fett sowie 0,4 mg Salz ausgetauscht. Dauert der Kuss drei Minuten, haben die Küssenden dabei jeweils 12 Kalorien verbraucht und bis zu 38 Gesichtsmuskeln bewegt. Die Schweißdrüsen werden beim Küssen aktiv und schütten sexuell stimulierende Duftstoffe aus, die Nebennieren produzieren Adrenalin, die Bauchspeicheldrüse setzt vermehrt Insulin frei, während im Hirn Endorphine ausgeschüttet werden, sogenannte Glückshormone. Dabei entsteht ein Feuerwerk der Gefühle, das den meisten so gut gefällt, dass ein durchschnittlicher Mensch in 70 Jahren Lebenszeit etwa 110.000 Minuten mit Küssen verbringt. Das sind mehr als 76 Tage.

KUSS – RECHTSDRALL

Zwei Drittel aller Menschen halten beim Küssen die Nase nach rechts. Schon im Bauch der Mutter kann diese Präferenz beobachtet werden. Die meisten ungeborenen Kinder drehen ebenfalls lieber ihren Kopf nach rechts.

KUSS – FÜR ALLE

Die Menschen gehen immer unachtsamer miteinander um, die Welt wird immer unpersönlicher. Diese Meinung vertrat der Bürgermeister der belgischen Gemeinde Kruibeke bei Antwerpen vor einiger Zeit. Um seinen Bürgern mehr Wärme und Menschlichkeit zu demonstrieren, küsste er ein Jahr lang jeden Einwohner, der ihm begegnete. Kruibeke hat etwa 15.000 Bewohner.

KUSS-REKORDE

Das Paar **DROR ORPAZ** und **CARMIT TSUBARA** aus Israel hält den Rekord für den längsten Kuss der Welt. 1999 küssten sich die beiden 30 Stunden und 45 Minuten am Stück. Zuvor hatten Mark und Roberta Grisworld aus den USA den Rekord für sich verbucht, die sich 1998 ganze 29 Stunden lang küssten.

AUFKLÄRUNG

Bei einer Umfrage des Männermagazins **PLAYBOY** aus dem Jahr 1987 wussten viele der Befragten mit dem Begriff Cunnilingus nichts anzufangen. Einige verwechselten den Genitalkuss bei der Frau sogar mit der irischen Fluglinie Air Lingus.

SUCHE LIEBE, BIETE MICH

Die erste deutsche Kontaktanzeige wurde 1738 in den »Franckfurter Frag- und Anzeigs-Nachrichten« veröffentlicht. Die erste überhaupt dokumentierte Kontaktanzeige erschien 1727 in der englischen Zeitung »Manchester Weekly Journal«. Allerdings hatte Helen Morrison – angeblich eine alte Jungfer – mit ihrem Inserat wenig Glück: Sie wurde wegen ihrer Annonce für vier Wochen in eine Nervenheilanstalt gesteckt.

✤

Der Londoner Henry Robinson eröffnete am 29. September 1650 das erste bekannte Institut für Eheanbahnungen, das »Office of Addresses and Encounters«. Einer der ersten Kunden hieß Sir John Dimly, und sein Begehr war es, »einen Vertrag der Ehe mit einer jungen Frau zu schließen«.

VON TÖPFEN UND DECKELN – PARTNERBÖRSEN

Zu beinahe jedem Hobby, zu fast jeder Vorliebe existiert im Internet mittlerweile eine Kontaktbörse. Eine sicher unvollständige Auswahl:

www.grapedates.com....... Hier verabreden sich amerikanische Weintrinker. Es geht um Cabernet Sauvignon, Merlot und die Liebe. Fragt sich, ob ein Riesling-Liebhaberin und ein Chardonnay-Freund zusammenfinden können.

www.moms-dads-kids.de .... Partnervermittlung für alleinerziehende Mütter und Väter
www.patchworkglueck.de .... Partnerbörse für Singles mit Kind
www.rubensfan.de .... Kontaktbörse für Männer, die ausladende weibliche Rundungen mögen
www.grosseleute.de .... Singlebörse für einsame Menschen, die alleine groß sind und gemeinsam über sich hinauswachsen möchten
www.langesingles.de .... Männer über 1,90 und Frauen über 1,80 Meter Größe auf der Suche nach ihrem Traumpartner
www.gl-sh.de .... Kontaktbörse für Gehörlose oder Schwerhörige
www.handicap-love.de .... Anzeigen speziell für behinderte Menschen
www.papasu.de .... Patienten-Partnersuche, Kontaktanzeigen für chronisch Kranke
www.flirt-projekt.de .... Flirtportal für Menschen mit Behinderung und für Aids-Kranke
www.dzf.de .... Der zweite Frühling, Kontaktanzeigen von Menschen ab 40 Jahren
www.50plus-treff.de .... Singlebörse für Einsame ab 50 Jahren
www.charmage.de .... Suchende, die älter als 50 Jahre sind, finden sich
www.enita.de .... Einsame Herzen über 50 Jahre
www.spaete-liebe.de .... Einsame Senioren auf der Suche
www.agape.de .... Christliche Singles auf Partnersuche
www.christ-sucht-christ.de .... Himmlische Liebesfreuden gesucht
www.jewish-singles.de .... Jüdische Partnervermittlung
www.kathtreff.org .... Katholisches Hochzeitsanbahnungsinstitut
www.islamisches-heiratsinstitut.de .... Islamische Partnervermittlung
www.islamheirat.de.vu .... Muslimisches Heiratsinstitut
www.travesta.de .... Dating-Börse für Transvestiten und Transsexuelle
www.alt.com .... Forum für Anhänger von SM, Fetisch und Co.
www.swinger-live.de .... Swingerfans verabreden sich zum Partnertausch
www.sklavenzentrale.com .... Hier finden Sie Ihren Lustsklaven
www.date-a-dog.de .... Erst gemeinsam Gassigehen, dann Händchenhalten
www.metalflirt.de .... Heavy-Metal-Fans suchen Geborgenheit und Nähe
www.lovebuy.de .... Den eigenen Körper versteigern oder einen Callboy kaufen
www.farmflirt.de .... Bauer sucht Bäuerin, Magd sucht Knecht.

www.gothicsingles.de.......Bleiche Menschen suchen das gemeinsame Licht
www.schwarzesglueck.de ....Gruftis und Kinder der einsamen Nacht suchen Begleitung
www.herrchen-sucht-frauchen.de bzw.
www.frauchen-sucht-herrchen.de.......Hier treffen sich einsame Tierhalter
www.golfsingles.de.......Voller Geldbeutel, leeres Herz. Hier suchen Golffans Linderung
www.landflirt.de.......Einsam auf dem Lande
www.seelenflirt.de.......Spirituelle Esos und Ökos finden sich
www.gothicflirt.de.......Noch mehr einsame Menschen mit schwarz geschminkter Seele
www.seelen-partner.de.......Wenn Pendeln und Kartenlegen nicht mehr hilft
www.verlorener-flirt.de ....Wenn es im Supermarkt geknistert hat und man sich danach nicht mehr über den Weg läuft
www.maithuna.de.......Tantra-Partner-Vermittlung
www.rossodiamore.de.......Partnervermittlung nach Blutgruppen
www.truckerpassions.com.......Online-Dating für amerikanische Fernfahrer
www.hippiepersonals.com....... Flower-Power-Kontaktanzeigen
www.veggiedate.com.......Vegetarier suchen die fleischlichen Genüsse
www.gayharmony.net.......Kontaktbörse für religiöse Schwule
www.mollyparadies.de.......Hier treffen und verabreden sich füllige Menschen

SCHEIDEN LOHNT

98 Prozent aller Paare im chinesischen Ort Renhe ließen sich 2006 scheiden. Nicht etwa, weil ihre Ehen ruiniert waren, sondern aus rein ökonomischen Gründen. Die chinesischen Behörden wollten die etwa 4.000 Einwohner der Ortes umsiedeln, den Bürgern wurden Wohnungen als Entschädigung versprochen: Singles sollten ein Ein-Zimmer-Appartement bekommen, Ehepaare eine Zwei-Zimmer-Wohnung. Statt zu protestieren, wollten die Einwohner des Ortes eine Gesetzeslücke nutzen. Sie ließen sich scheiden, wollten je zwei Wohnungen zugeteilt bekommen und dann eine vermieten oder verkaufen. Die Behör-

den erkannten den Trick jedoch, nachdem tagelang Hunderte Paare vor dem Standesamt von Renhe Schlange gestanden hatten, um sich scheiden zu lassen.

KUMMER

Liebeskummer ist bei Jugendlichen und jungen Erwachsenen in Deutschland der häufigste Grund für einen Selbstmord oder Selbstmordversuch. Der Freitod ist in dieser Altersgruppe die zweithäufigste Todesursache nach Unfällen.

SPORT

Beim Jogging hüpft die weibliche Brust auf einen gelaufenen Kilometer insgesamt 84 Meter in die Höhe – natürlich nur, wenn jede kleine Bewegung zusammengezählt wird. Bei jedem Schritt entspricht das neun Zentimetern. Ein Sport-BH verringert das Springen der Brust dagegen um 74 Prozent.

LIEBE UND SÜNDE 1

Das »*Kompendium des Katechismus der katholischen Kirche*« – herausgegeben von **Papst Benedikt XVI.** – erklärt die Masturbation zu einer der Hauptsünden gegen die Keuschheit. Die beiden weiteren Hauptsünden: Prostitution und Vergewaltigung.

LIEBE UND SÜNDE 2

Papst Paul VI. schrieb 1968 in seiner *Enzyklika Untrennbarkeit von liebender Vereinigung und Fortpflanzung:* »Seiner innersten Struktur nach befähigt der eheliche Akt, indem er den Gatten und die Gattin aufs Engste miteinander vereint, zugleich zur Zeugung neuen Lebens, entsprechend den Gesetzen, die in die Natur des Mannes und der Frau eingeschrieben sind.«

KÜNSTLICHE BEFRUCHTUNG

Bei Fröschen reicht es, mit einer Nadel geschickt die Eizelle anzupieksen, und schon aktiviert die Zelle in der Annahme, ein Spermium habe sie penetriert, ihr genetisches Programm. Die Zellteilung setzt ein, schließlich wird aus der Eizelle eine Kaulquappe, deren Körperzellen aber nur über einen, nicht zwei Chromosomensätze verfügen.

REZEPTE – FALSCHER HASE

Der Hase galt schon im alten Babylon als Fruchtbarkeitssymbol, das stürmische Paarungsverhalten des Rammlers – des männlichen Hasen – hatte die Menschen seit jeher schwer beeindruckt. So galt der Hase den Griechen als Fruchtbarkeitsbote der Göttin Aphrodite, den Römern als Lieblingstier der Venus, in der Mythologie des Baltikums gibt es eine Hasengöttin namens Medeine. Weniger angetan von der Zeugungsfreudigkeit des Hasen war dagegen Papst Zacharias. Der Kirchenfürst verbot der Christenheit im Jahr 751 den Verzehr von Hasenfleisch, da dieser Teufelsbraten im wörtlichen Sinne seine Schäfchen zu Unzucht und hitziger Geschlechtslust anstifte. So sorgte der Papst der Legende nach für die Entstehung eines Gerichts, das noch heute auf den Tisch kommt: falscher Hase, ein Hackbraten.

SPIELERISCHE CYBERLOVE

Ein paar Videospiele, in denen sich alles um Sex dreht oder drehte:

NAUGHTY AMERICA.
The Game. Der Online-Charakter tuned sich in Schönheitssalons oder beim Chirurgen auf. Dann geht es auf die Balz.

3FEEL.
Sehr explizite 3D-Grafik, für die bekannte südkoreanische Erotikdarsteller Modell standen. Über USB und einen Teledildo lassen sich die Abenteuer in virtuellen Swingerclubs ins eigene Haus holen.

SOCIOLOTRON.
Rollenspiel, in dem alles von SM über Prostitution und Schwangerschaften eine Rolle spielt.

RED LIGHT CENTER.
Online-Erotik-Community, in der es darum geht, ein eigenes Rotlicht-Imperium aufzubauen.

RAPTURE ONLINE.
3D-Online-Spiel, das viel Wert auf anatomische Richtigkeit legt. Wurde von der Firma Black Love Interactive LLC entwickelt.

SPEND THE NIGHT.
Sex-orientiertes Online-Rollenspiel. Entwicklung ist erst mal unterbrochen, der Firma Republic Games ist wegen der aufwendigen Grafiken das Geld ausgegangen.

SECOND LIFE.
Online-Rollenspiel mit über 3,2 Millionen Usern. Eigentlich geht es nicht um Sex, aber man kann dort – innerhalb der Regeln – seinen Charakter alles tun lassen, was man will. Und so dreht sich ein Drittel aller Aktivität in dieser virtuellen Welt doch um Sex.

GRAND THEFT AUTO: SAN ANDREAS.
Eigentlich ein Spiel, in dem eine Gangster-Karriere simuliert wird. Als aber 2005 öffentlich wurde, dass in dem Spiel eine Sex-Szene versteckt war, gab es in den USA große Aufregung.

SEX GAMES,
Schwer verpixelter Klassiker aus den achtziger Jahren für den Commodore 64. Kleine Comic-Figuren mussten durch kräftiges Rütteln am Joystick zum Beischlaf gebracht werden.

SCHARFE MESSER

Zahl der Kunden, die 2005 laut der amerikanischen Gesellschaft für Plastische Chirurgie bei amerikanischen Schönheitschirurgen die folgenden Leistungen erhielten:

Botox-Behandlungen	3 839 387
Fettabsaugung	323 605
Nasenplastik	298 413
Brustvergrößerung	291 350
Eingriffe am Augenlid	230 697
Bauchstraffung	134 746
Gesichtslifting	108 955
Liften der Brüste	92 740
Dermabrasio (Hautglättung durch Abschmirgeln)	69 359
Stirnlifting	55 518
Haartransplantation	47 462
Eingriffe am Ohr	27 993
Lippenvergrößerung (ohne injizierbare Materialien)	25 878
Entfernung von Brustimplantaten	24 694
Brustverkleinerung bei Männern	16 275
Vergrößerung des Kinns	15 161
Oberarmlifting	11 873
Schenkellifting	9533
Wangenimplantate	9326
Unterleibslifting	8696
Po-Lifting	5193
Thread Lift (Gesichts-Lifting mit Schlaufen)	4197
Verjüngung der Vagina	793
Po-Implantate	542
Wadenvergrößerung	337
Brustmuskelimplantate	206

LEGENDEN, WIE DIE MENSCHEN DAS KÜSSEN GELERNT HABEN

Wissenschaftler erklären das Küssen nüchtern. Die Paare beschnüffelten sich, ob sie sich anziehend fänden, argumentieren die einen, die anderen vermuten, dass das Küssen ein Überbleibsel der Brutpflege ist. Viel schöner klingen da die Legenden, wie die Menschen das Küssen erlernten:

Als Eva den Apfel vom Baum der Erkenntnis gepflückt hatte, teilte sie die Frucht in zwei Hälften. Adam hatte die seine schneller aufgegessen, und seine Gier war erwacht. Als er sah, wie das letzte Stückchen der köstlichen Frucht zwischen Evas Lippen verschwand, stürzte er sich auf sie und berührte ihren Mund mit dem seinen.

Der römische Kaiser Romulus untersagte einst den Frauen den Genuss von Wein. Da sich dieses Verbot nur schwer durch Gesetzeshüter durchsetzen ließ, sollten fortan die Männer die Trinkgewohnheiten ihrer Frauen überprüfen, indem sie ihre Lippen kosteten, um nach dem Geschmack des Weines zu fahnden. Dabei kamen die Männer jedoch so sehr auf den Geschmack der Lippen ihrer Frauen, dass sie diese Sitte fortan nicht mehr lassen konnten und wollten.

Der griechische Philosoph Aristoteles berichtete, dass das Küssen von den Trojanerinnen erfunden wurde. Diese wollten nach einer langen Reise durch das Mittelmeer, als der Tiber beim späteren Rom erreicht war, nicht mehr weiter. Um ihre Männer aufzuhalten, verbrannten sie heimlich die Schiffe. Als ihre Männer dies sahen und wutentbrannt auf ihre Frauen zustürmten, drücken sie ihren Gatten die Lippen auf die Münder. So ließen sich die Männer besänftigen und fanden so sehr gefallen daran, dass das Küssen entdeckt war.

PARTNERVERMITTLUNG

Bräutigamseiche
Dodauer Forst
23701 Eutin

Rund 1.000 Postsendungen werden jedes Jahr an diese Adresse geschickt und landen schließlich in einer Eiche, genauer in einem Astloch in 4 Meter Höhe. Es handelt sich um die Eutiner Bräutigamseiche, einen Baum von mehr als 500 Jahren und einem Stammumfang von 5 Metern. Seit 1891 rankt sich eine Legende um den Baum. Die Tochter des Försters Ohrt hatte sich sehr zum Unwillen ihres Vaters in den Sohn des Leipziger Schokoladen-Fabrikanten Schütte-Felsche verliebt. Ein Jahr lang nutzte das heimliche Pärchen ein Astloch in dem Baum nahe dem schleswig-holsteinischen Eutin, um Liebesbotschaften auszutauschen, bis sie schließlich doch heiraten durften. Seit dem 2. Juni 1891 – dem Tag ihrer Vermählung – trägt der Baum den Namen Bräutigamseiche. Eine Legende und eine Tradition waren geboren. Seither ist die Eiche der wohl einzige Baum weltweit, der eine eigene Postadresse hat, und seitdem schreiben Partnersuchende Briefe, die in dem Astloch deponiert und von jedem gelesen werden können.

SCHÖN IM ALTER

Bei einer Umfrage in Großbritannien zum Rentner oder Ruheständler mit dem größten Sexappeal wählten die befragten Damen folgende fünf Herren auf die ersten fünf Plätze:

- Sean Connery, Schauspieler (James Bond)
- Patrick Stewart, Schauspieler (Star Trek)
- Anthony Hopkins, Schauspieler (Das Schweigen der Lämmer)
- Michael Caine, Schauspieler (Gottes Werk und Teufels Beitrag)
- Cliff Richard, Schnulzen-Sänger (We Don't Talk Anymore)

TASCHENTÜCHER

In der Schwulenszene gibt es den sogenannten Taschentuchcode oder Hanky Code. Damit werden sexuelle Vorlieben durch das Tragen von verschiedenfarbigen Tüchern kenntlich gemacht. Der Hanky Code wird sowohl in großstädtischen Szenetreffs als auch in einschlägigen Internetportalen verwendet. (Auch in der Lesben- und Sado-Maso-Szene findet ein solcher Code Gebrauch.) Generell gilt: Ein Tuch in der linken Gesäßtasche signalisiert den Wunsch, den aktiven Part zu spielen. Tuch in der rechten Gesäßtasche zeigt den Vorzug einer passiven Rolle an. Wird das Tuch um den Hals getragen, bedeutet dies, dass sich der Träger nicht auf eine Rolle festlegen will, mal passiv oder aktiv sein möchte.

Die Farben und ihre Bedeutung:

Schwarz	Sadomasochismus
Grau	Fesseln
Weiß	Masturbieren
Hellblau	Stellung 69, gegenseitiger Oralverkehr
Himmelblau	Oralverkehr
Marineblau	Analverkehr
Grün-Blau	Cock-and-Ball-Torture
Aprikose	Mache alles
Orange	Bin stark behaart oder suche stark behaarten Mann
Purpur	Achseln lecken
Koralle	Zehen lecken
Pink	Stehe auf Dildos
Dunkel-Rosa	Titten-Trimming
Hellrot	Schläge
Rot	Analverkehr mit der Faust
Dunkelrot	Analverkehr mit zwei Fäusten
Hellgelb	anspucken
Senfgelb	grosser Penis
Beige	Analer Oralverkehr
Braun-Satin	beschnittener Penis
Gelb	Urophilie
Braun	Koprophilie
Zitronengrün	vom Körper essen
Hellgrün	Sex gegen Bezahlung
Olivgrün	militärisches Rollenspiel mit Offizier und Rekrut
Waldgrün	Rollenspiel mit Vater und Sohn

HEINRICH DER ACHTE

HEINRICH DER VIII. (1491 bis 1547) herrschte von 1509 bis 1547 als König über England. In dieser Zeit brach er mit der katholischen Kirche in Rom und gründete die anglikanische Kirche mit ihrem Oberhaupt, dem Erzbischof von Canterbury. Am berühmtesten ist der Monarch aber dadurch geworden, dass er sechsmal heiratete und einige Ehen gewaltsam beenden ließ. Die Ehen des Herrschers:

- **KATHARINA VON ARAGON.** Heinrich VIII. lässt sich durch einen Beschluss des englischen Parlaments scheiden, da sie ihm nur eine Tochter gebiert. Führt zum Bruch mit dem Papst. Katharina von Aragon stirbt im Exil.
- **ANNA BOLEYN.** Auch sie schenkt Heinrich VIII. nur eine Tochter. Wird wegen Ehebruch und Hochverrat zum Tode verurteilt und geköpft. Vor ihrer Hinrichtung sagte sie angeblich:
  »Ich habe gehört, dass der Scharfrichter sehr gut sein soll, und ich habe nur einen schmalen Hals.«
- **JANE SEYMOUR.** Gebiert Heinrich VIII. den Thronfolger Eduard, später Eduard VI., stirbt dann jedoch am Kindbettfieber.
- **ANNA VON KLEVE.** Nach nur sechs Monaten wird die Ehe annulliert. Der Grund: Die Ehe sei nie vollzogen worden.
- **KATHARINA HOWARD.** Nach zwei Jahren Ehe ließ Heinrich VIII. seine fünfte Gattin wegen angeblichen Hochverrats köpfen. Der wahre Grund war wohl ihr Verhältnis mit einem Kammerdiener.
- **KATHARINA PARR.** Die letzte Ehefrau Heinrich VIII. und die einzige, die den Herrscher als Gattin überlebte.

LIEBES-TANZ

Die Lieder, zu denen er getanzt wird, sind überall die gleichen, die Namen des Tanzes unterscheiden sich: Stehblues, Schieber, Engtanz, Schwof oder Slow wird genannt, was fester Bestandteil jeder Teenager-Party ist. Die Tanzfläche wird dazu stark abgedunkelt, das Tanzpaar schmiegt sich eng aneinander und wiegt sich langsam von links nach rechts, dreht sich im Kreis oder bleibt einfach stehen, um sich zu küssen. Die erfolgreichste Stehblues-Ballade ist »Reality« von Richard Sanderson, der Schlüsselsong aus dem französischen Teenagerfilm »La Boum – Die Fete«. Auf amerikanischen Teenager-Festen ist dagegen gerade »Freaking« angesagt. Ein Tanzphänomen, das Eltern und Sittenwächter schwitzen lässt. Dazu pressen die Tanzpaare ihre Leistengegenden aneinander und beginnen zu kreisen. Wendet einer der Tanzenden seiner Partnerin oder seinem Partner den Hintern zu, funktioniert der Tanz auch als Polonaise, oder »Porno-Polonaise«, wie Kritiker monierten. In einem sind sich Kritiker und Fans einig: Sie alle finden, der Tanz sei wie »Sex in Kleidern«.

DIE WELT IST SCHÖN

Seit 1995 wählen die Leser des britischen Magazins FHM jährlich die hundert schönsten Frauen der Welt. Seitdem haben es nur Kylie Minogue, Pamela Anderson und Cameron Diaz geschafft, jedes Jahr in der Liste der Top 100 aufzutauchen. Welche Frauen seitdem in den Top 10 platziert waren:

1995: Claudia Schiffer, Uma Thurman, Nastassja Kinski, Elizabeth Huley, Michelle Pfeiffer, Tabatha Cash, Demi Moore, Daryl Hannah, Julie Christie, Sherilyn Fenn

1996: Gillian Anderson, Louise Redknapp, Cameron Diaz, Teri Hatcher, Sandra Bullock, Jennifer Aniston, Emmanuelle Béart, Elizabeth Hurley, Demi Moore, Pamela Anderson

1997: Teri Hatcher, Jennifer Aniston, Gillian Anderson, Louise Redknapp, Jenny McCarthy, Yasmine Bleeth, Cameron Diaz, Geri Halliwell, Courteney Cox, Dannii Minogue

1998: Jenny McCarthy, Denise van Outen, Louise Redknapp, Jennifer Aniston, Cameron Diaz, Carmen Elektra, Cat Deeley, Melanie Sykes, Courteney Cox, Gillian Anderson

1999: Sarah Michelle Gellar, Louise Redknapp, Catherine Zeta-Jones, Kelly Brook, Jenny McCarthy, Jennifer Aniston, Cameron Diaz, Gail Porter, Cat Deeley, Melanie Sykes

2000: Jennifer Lopez, Britney Spears, Sarah Michelle Gellar, Anna Kournikova, Kelly Brook, Shania Twain, Cat Deeley, Cameron Diaz, Louise Redknapp, Jennifer Aniston

2001: Jennifer Lopez, Rachel Stevens, Britney Spears, Kelly Brook, Denise Richards, Salma Hayek, Cat Deeley, Charlize Theron, Carmen Elektra, Alyson Hannigan

2002: Anna Kournikova, Rachel Stevens, Britney Spears, Jennifer Lopez, Kelly Brook, Kylie Minogue, Carmen Electra, Holly Valance, Shakira, Kristin Kreuk

2003: Halle Berry, Holly Valance, Britney Spears, Rachel Stevens, Carmen Electra, Jennifer Lopez, Jennifer Love Hewitt, Anna Kournikova, Kylie Minogue, Jolene Blalock

2004: Britney Spears, Rachel Stevens, Beyoncé Knowles, Carmen Elektra, Holly Valance, Halle Berry, Jennifer Lopez, Jordan, Angelina Jolie, Elisha Cuthbert

2005: Kelly Brook, Cheryl Tweedy, Angelina Jolie, Michelle Ryan, Elisha Cuthbert, Britney Spears, Abi Titmuss, Sarah Harding, Beyoncé Knowles, Charlotte Church, Keira Knightley

2006: Keeley Hazell, Scarlett Johansson, Angelina Jolie, Kelly Brook, Cheryl Tweedy, Beyoncé Knowles, Evangeline Lilly, Jessica Alba, Jessica Simpson

VERGEBLICHE LIEBESMÜH

Der Mensch macht es Tieren nicht leicht, auch in der Liebe:

> Ein schwarzer Trauerschwan balzte im Sommer 2006 hartnäckig ein Tretboot auf dem Aasee bei Münster an und verscheuchte jeden, der sich seiner Liebe näherte. Ganz falsch lag der weibliche Vogel allerdings nicht, das Boot hatte die Form eines großen Schwans, überragte die Verehrerin jedoch um ein

Vielfaches. Auf der Alster in Hamburg währte eine ähnlich tragische Beziehung zwischen Schwan und Tretboot gar mehrere Jahre.

☞

In Städten legen Eintagsfliegen ihre Eier vorzugsweise auf dem Asphalt ab – keine gute Idee, denn dort werden ihre potenziellen Nachkommen zertrampelt oder überrollt, bevor sie schlüpfen können. Die Fliegen lassen jedoch nicht davon, denn die Oberfläche vieler Straßenbeläge reflektiert das Licht so wie Tümpel oder Teiche – ihre bevorzugten Brutplätze.

☞

Australische Prachtkäfer werden häufig dabei beobachtet, wie sie leere Bierflaschen besteigen und begatten. Das Sonnenlicht lässt die runden braunen Glasflaschen so unwiderstehlich schimmern wie den Panzer eines weiblichen Prachtkäfers.

☞

Der Kubalaubfrosch liebt gefährlich. Seine Weibchen signalisieren Paarungsbereitschaft, indem sie bewegungslos auf dem Boden verharren. So verhalten sich auch überfahrene Kubalaubfrösche. Das bedeutet für den männlichen Liebhaber meist auch den Tod durch Überfahren.

PORNO-MUSICAL

1989 erschien in den USA ein Film mit dem Titel »*My Bare Lady*« (Meine nackte Dame). In der Porno-Parodie auf das Musical »*My Fair Lady*« ließ Regisseur Scotty Fox die Darsteller singen. Doch Liza Screwlittle (Shana McCollough), Professor Diggins (Mike Horner), Colonel Dickering (Robert Bullock), Joan Pillars (Porsche Lynn) und Mrs. Fierce (Aja), wie einige der Charaktere des Streifens heißen, sangen so schlecht, dass sie sich bald wieder von ihrer stimmlichen auf die körperliche Akrobatik verlegten. 17 Jahre später griff der Sender »*Fox Reality*« Konzept und Geschichte auf: Vier Pornodarstellerinnen wurden für ein ernsthaftes Theaterstück mit dem Titel »*My Bare Lady*« gecastet.

LASS UNS DRÜBER REDEN

Laut einer Umfrage des Kondomherstellers Durex sind in Deutschland die Bewohner Mecklenburg-Vorpommerns sexuell am aktivsten. 13.000 Menschen beteiligten sich an der Online-Umfrage und lieferten folgende Ergebnisse: ☞ 104-Mal im Jahr hat der durchschnittliche Deutsche Sex, der Mecklenburg-Vorpommerner sogar ☞ 122-Mal. Thüringer ☞ 116 und Berliner ☞ 114 folgten auf den Plätzen. Ganz hinten im Aktivitätsranking waren Baden-Württemberg, Hessen und Rheinland-Pfalz.

STUFEN DES SCHEITERNS

Der amerikanische Psychologe und Mathematiker John Gottman betreibt in Seattle ein Liebeslabor, in dem er seit Jahren Ehepaare beim Streiten beobachtet. In akribischer Arbeit hat Gottman dabei fünf Verhaltensweisen entdeckt, die früh das Scheitern einer Beziehung ankündigen – die apokalyptischen Reiter, wie er sie nennt:

Kritik
Verteidigung
Verachtung
Rückzug
Machtdemonstration

WICHTIG ZU WISSEN 1

- Martin Luther verwendete in seiner Bibelübersetzung in der Schöpfungsgeschichte noch das Wort *»Männin«* statt *»Frau«*.
- Zwei Heilige, die zuvor als Prostituierte gearbeitet haben: **Maria Magdalena** und **Maria von Ägypten**
- Der Chef des ersten städtisch betriebenen Bordells in München, das 1433 eröffnet wurde, war zugleich der amtlich bestellte Scharfrichter.
- Das Münchner Bordell *»Herz As«* befindet sich in der **Triebstraße**.
- Der Amerikaner **Carl DiSalvo** hat eine Maschine entwickelt, die die Wärme und das Gefühl einer herzlichen Umarmung simuliert.
- Die alten Ägypter hatten für die Worte *Essen* und *Küssen* nur eine einzige Bezeichnung.

➧ Die psychologische Beraterin **Silvia Fauck** betreibt in Hamburg Deutschlands einzige Praxis für Liebeskummer.
➧ In Deutschland heiraten etwa 75 Prozent aller Geschiedenen noch mal. Die meisten binnen drei Jahren nach ihrer Trennung.
➧ Am Teppich aufgeschürfte Knie sind in Großbritannien die häufigste Verletzung beim Sex.
➧ Die alten Ägypter betrachteten den Mutterkuchen, die Plazenta, als Sitz der menschlichen Seele.

WICHTIG ZU WISSEN 2

⇨ Das Wort »Gymnasium« leitet sich vom griechischen Wort *»Gymnasion«* her. Dort trainierten junge Männer für sportliche Wettkämpfe. Gymnasion bedeutet wörtlich übersetzt: *»Der Ort, wo man nackt ist«.*
⇨ Den Nachwuchsrekord im Tierreich hält die **Termitenkönigin.** Das gebärfreudige Wesen legt im Laufe ihres Lebens über eine Milliarde Eier – mehr schafft keine.
⇨ Die französische Schauspielerin **Sarah Bernhardt** empfing ihre Liebhaber am liebsten in einem Sarg.
⇨ Das Orgasmotron aus **Woody Allens** Komödie *»Der Schläfer«* ist in Wirklichkeit ein Aufzug. Er steht im futuristischen Sleeper House in Colorado. Im Film diente der Lift nicht der Personenbeförderung, sondern der sexuellen Befriedigung im Jahr 2173.
⇨ Der Sänger **Ray Stevens** hatte 1974 mit dem Song *»The Streak«*, der gesungenen Geschichte eines Flitzers, einen Nummer-eins-Hit in den USA und Großbritannien.
⇨ **Adamiten** ist die Bezeichnung für mehrere christliche Gruppierungen, die den Zustand der Nacktheit wiederherstellen wollten, wie er vor dem Sündenfall bei Adam und Eva herrschte.
⇨ 1952 ließ der US-Soldat **John Hansen** als einer der ersten Männer eine Transsexuellenoperation in Dänemark an sich durchführen und wurde später als **Christine Jörgensen** weltbekannt.
⇨ Das Wort *»Homosexuell«* wurde angeblich 1869 von dem Schriftsteller **Karoly Maria Kertbeny** erfunden. Er liebte Männer.
⇨ **Chasey Lain**, eine amerikanische Pornodarstellerin, wurde über die Pornobranche hinaus durch den Song *»The Ballad Of Chasey Lain«* von der Bloodhound Gang bekannt.

⇨ **Testosteron** ist ein Kunstwort, das von Testikel (Hoden) und Steroid abgeleitet ist.

WICHTIG ZU WISSEN 3

→ Bei Frauen produzieren die Eierstöcke und die Nebennierenrinde geringe Mengen an **Testosteron.**
→ **Helem** ist der Name der offenbar ersten Schwulen- und Lesbenorganisation in der arabischen Welt. Helem hat ihren Sitz in Beirut, Libanon.
→ Die Ärztin **Heba Kotb** moderiert die erste Aufklärungssendung im ägyptischen Fernsehen. Sie gilt als erste Sexologin der arabischen Welt und behandelt das Geschlechtliche islamkonform. Thema der ersten Sendung: »Essen und Sexualität im Ramadan«.
→ Die kleine brasilianische Provinzhauptstadt **Esperantina** feiert stets am 9. Mai den Tag des Orgasmus – laut Beschluss des Stadtrates der 47.000-Einwohner-Kommune ein offizieller Feiertag.
→ Vom Lokal **Stonewall Inn**, einer bekannten Homosexuellen-Kneipe in der New Yorker Christopher Street, gingen 1969 Krawalle aus. Die Gäste wehrten sich gegen ständige Polizei-Razzien und Ausweiskontrollen. Heute gelten die Proteste als Geburtsstunde der Schwulenbewegung.
→ In dem Film *»Buddy Buddy«* spielte **Klaus Kinski** einen Sex-Arzt. Er nannte sich Dr. Zuckerbrot und trug ein Phallus-Amulett.
→ **Schweden** bestraft als einziges Land der Welt die Käufer sexueller Dienstleistungen und nicht die Anbieter.
→ Das **Kinsey Institute** an der Indiana University in Bloomington, USA, beherbergt die größte Erotika-Sammlung der Welt: Neben 80.000 Exponaten stehen dort auch mehr als 10.000 Porno-Filme in den Regalen.
→ Der New Yorker Arzt **Joseph Howe** verbreitete im 19. Jahrhundert die angebliche Erkenntnis, Nymphomanie trete bei blonden Frauen häufiger auf als bei Dunkelhaarigen.
→ Die Grüne Jugend überraschte die Parteispitze der Grünen in Baden-Württemberg einmal mit einer Werbekarte, auf der der Slogan *»Grün fickt besser«* gedruckt war.

WICHTIG ZU WISSEN 4

⇨ Bei den Dreharbeiten zu »*Deep Throat*«, dem kommerziell erfolgreichsten Porno-Film aller Zeiten, hatte die weibliche Hauptdarstellerin **Linda Lovelace** einen Kater dabei, der den Namen **Adolf Hitler** trug. Der Grund: An seiner Schnauze hatte er einen kleinen Fellfleck, der an den Bart des deutschen Diktators erinnerte.

⇨ **JT's Stockroom** war das erste Erotikunternehmen, das im Internet mit Sex-Spielzeug handelte. Beginn des Online-Verkaufs war 1990.

⇨ Die erste Ausgabe von »*Private*« erschien 1965 in Schweden – das erste farbig gedruckte Hardcore-Sexmagazin. Heute ist die Private Media Group ein Branchengigant. Seit 1999 werden Aktien des Unternehmens an der Technologie-Börse Nasdaq in New York gehandelt.

⇨ **Mo Asumang**, die drei Jahre lang die Erotiksendung »*Liebe Sünde*« moderierte, ist die deutsche Synchronstimme der Figur Ensign Seska aus der Fernsehserie »*Star Trek: Raumschiff Voyager*«.

⇨ **Nadja Abd el Farrag**, bekannt als **Dieter Bohlens Naddel**, machte 2001 vor allem mit einem Schlagzeilen: Sie ließ in der Fernseh-Wettshow »*Banzai*« ihre linke Brust wiegen.

⇨ Der Preis für ein Schäferstündchen mit einer Prostituierten im antiken **Pompeji** betrug etwa das Achtfache einer Einheit Wein beziehungsweise so viel wie zwei Laibe Brot.

⇨ Wer die Internetseite www.bagdad.com aufruft, erfährt nichts über die irakische Hauptstadt: Statt dessen landet man auf der Seite eines Sex-Clubs in Barcelona.

⇨ Das Wort **Harem** kommt vom arabischen *haram*. Das bedeutet »verboten«, »gesperrt« oder »geheiligt«.

⇨ Die »*Log Cabin Republicans*« ist die Organisation schwuler, lesbischer und bisexueller Anhänger der Republikanischen Partei der USA. Ihr Vorsitzender ist **Tim Schoeffler**, sein Vize ist **Patrick Sammon**.

ARME SINGLES

Das Bild vom Single – frei, ungebunden, Mitte 20 bis Mitte 30 und stets auf sexuellem Beutezug – hält einer Prüfung nicht stand. In einer Umfrage gaben die Männer, die freiwillig auf eine Partnerschaft verzichteten, ihrem Sexualleben im Schnitt nur eine 4+ (in Schulnoten), während verheiratete Männer ihrem Sexualleben eine glatte 2 gaben. Noch weniger zufrieden waren die unfreiwilligen Singles: Ob Mann oder Frau, sie benoteten ihr Sex-Leben im Schnitt mit einer 5.

DER ANTI-CASANOVA

Wie man sich in einer Unterhaltung oder einem Flirt möglichst unattraktiv macht, haben Wissenschaftler der Wake Forest University in Winston-Salem untersucht. Die Liste unangenehmer Eigenschaften, die ihre Befragungen ergeben haben:

Passivität
Langsames und ermüdendes Erzählen
Abgelenkt oder unkonzentriert sein
Gefühllosigkeit
Um jeden Preis beliebt sein wollen
Humorlosigkeit
Oberflächlichkeit
Nur über sich selbst reden

GESTATTEN, DILDO MEIN NAME

Namen von Dildos und Vibratoren aus dem Erotik-Handel

❣ Sexual Server ❣ Florida Dolphin ❣
❣ Night Sky ❣ Soft Wave ❣ Authentic Reaction Dong ❣
❣ Red Hot Pussy Pleaser ❣ Blue Boys Big ❣
❣ Diamond Dazzler ❣ Shining Star Purple ❣
❣ Biggi G-Expert ❣ Shining Star Lavender ❣
❣ Rambo ❣ Diabolo ❣ Morpheus the Dreamer ❣
❣ Real Deal Giant ❣ Pascha ❣ Don Juan ❣
❣ Hausfreund ❣ Black Beaver ❣
❣ Jumping Rabbit ❣ Thumping Elephant ❣
❣ Dark Angel ❣ Ice Breaker ❣ Gold Bear ❣
❣ Ekstase Quirl ❣ Bouncing Beetle ❣ Grinder ❣
❣ Wet Jet ❣ Supernova ❣ Two Finger Juice Junky ❣
❣ King Dong ❣ Perfect Peter ❣ Lightning Jack ❣

❣ Krypton ❣ Black Hammer ❣ Macho White ❣
❣ Nature Boy ❣ Porno Star ❣ Blown Away ❣
❣ Crystal Lover ❣ Candy Dong ❣ Lazy Buttcock ❣
❣ Jelly Jiggle Dong ❣ Mister Bombastic ❣
❣ Colourado Massive ❣
❣ Dick Rambone Cock White ❣

LEIDENSCHAFT EXTREM

Die Priester der antiken Göttin KYBELE waren ausschließlich Eunuchen. Der Kult fand beinahe im gesamten römischen Reich seine Anhänger. Zum Frühlingsbeginn wurden jedes Jahr orgiastische Feste gefeiert, bei denen sich die Anhänger des Kultes selbst verstümmelten. Sie schnitten sich mit einem Zeremonienschwert selbst die Genitalien ab. Dann warfen sie diese zwischen die Zuschauer. Derjenige, der die Genitalien auffing, musste den Eunuchen-Neuling mit Frauenkleidern ausstatten.

SHOPPING EXTREM

Frauen sind angeblich Schuhen und Shopping verfallen. So suggerieren es Fernsehserien und Zeitschriften. Die Wissenschaft bringt Frauen mit einer ganz anderen Variante des Einkaufsbummels in Verbindung: »Shopping for Genes« (»Gene einkaufen«) nennen Evolutionspsychologen eine Strategie, die sie bei vielen Frauen erkannt haben wollen. Demnach geht sie während ihrer fruchtbaren Tage mit kantigen Kerlen ins Bett, um für ihren Nachwuchs optimales Erbgut zu sichern. Da aber solche Männer selten gute Versorger sind, bedient sie sich zur Brutpflege in einem anderen Laden. Dort nämlich, wo es liebevolle Väter gibt.

GANZE KERLE

Mit dem Verlust ihrer Zeugungsfähigkeit erhalten kastrierte Tiere auch neue Namen. Ein paar Beispiele:

Kapaun	HAHN
Poularde	HUHN
Wallach	HENGST
Ochse	STIER
Hammel	WIDDER
Borg	EBER
Gelze	SAU
Macker	ESEL

SCHNELLE NUMMER

So lange brauchen die Affenmännchen, unsere nächsten Verwandten, bis sie beim Sex zum Höhepunkt kommen:

Schimpansen	7 bis 10 Sekunden
Bonobos	15 Sekunden
Gorillas	60 Sekunden
Orang-Utans	14 bis 15 Minuten

Menschen-Männer halten – zumindest laut eigenen Angaben in Umfragen – bei der Kopulation 15 Minuten durch.

IMMER NUR DAS EINE

Bei langen Arbeitssitzungen schweifen die meisten Angestellten nach ein paar Minuten ab, verlieren die Konzentration. Bei einer Umfrage in Großbritannien gaben im Sommer 2006 etwa 80 Prozent der Befragten an, von anderen Dingen zu träumen – Urlaub, Ferien, Essen oder Sex. Besonders häufig dachten demnach Journalisten und Lehrer an Sex. Anwälte waren angeblich wesentlich konzentrierter bei der Sache.

WORTKUNDE

TANGA: Name einer Stadt in Tanganjika, eines Teilstaats des afrikanischen Landes Tansania.

FLATTERHAFTE FISCHE

Lippfische können ihr Geschlecht wechseln. Herrscht Überschuss an Männchen im Schwarm, wechseln manche Fische ins Lager der Weibchen. Andersherum genauso: Sind zu viele Weibchen unterwegs, werden manche Weibchen zu Männchen. Der Grund: Das erhöht die Reproduktions-Chancen.

NACKTER SPORT

Sportliche Wettkämpfe, einschließlich der Olympischen Spiele, wurden im antiken Griechenland nackt ausgetragen. Die einzige Ausnahme bei den Olympischen Spielen: Die Wagenlenker trugen Kleidung. Frauen waren nicht zugelassen, sie durften weder zusehen noch an den Wettkämpfen teilnehmen. Im antiken Sparta gab man sich dagegen etwas freizügiger. Dort fanden Ringkämpfe zwischen nackten Knaben und Mädchen statt.

UNFÄLLE – PENISBRUCH

Der Penisbruch ist keine wirkliche Fraktur. Bei dieser Verletzung reißt der Schwellkörper des Penis oder die umgebende Membran (Tunica albuginea) ein. Einen Penisbruch kann sich ein Mann beim Geschlechtsverkehr zuziehen, wenn der Penis erigiert ist und beim Beischlaf während einer heftigen Bewegung stark abgeknickt wird. Am häufigsten passiert dies, wenn der erigierte Penis zu stark an den Beckenknochen der Frau stößt. Häufig passiert ein Penisbruch auch bei ausgefallener Selbstbefriedigung.
Erkennbar ist die Verletzung an dem knackenden, peitschenartigen Geräusch in dem Moment, in dem die Schwellkörperhülle einreißt. Zugleich setzt ein heftiger Schmerz ein, die Erektion geht zurück. Kurz

darauf verfärbt sich der Penis und schwillt durch einen Bluterguss stark an. Eine sofortige Operation ist unumgänglich.
Prominentestes Opfer: Pop-Produzent Dieter Bohlen. Dieser erlitt laut seiner Autobiografie »Nichts als die Wahrheit« gleich zweimal einen Penisbruch. Zitat: »Mein kleiner Dieter wurde blau und sah aus wie ein toter Aal.«

HART BIS IN DEN TOD

Im englischsprachigen Raum wird dieses Phänomen auch als Angel's Lust (Engels Lust) bezeichnet. Im deutschen ist die Bezeichnung nüchterner: postmortale Erektion. Dazu kann es kommen, wenn ein Mann in vertikaler oder hängender Position stirbt und nach dem Eintritt des Todes in dieser bleibt. Ohne Kreislauf sammelt sich das Blut dann an den Körperstellen, die dem Boden am nächsten sind, zunächst also in den Füßen. Danach staut sich das Blut die Beine aufwärts bis in die Hüften. Dort sammelt es sich schließlich auch im Penis, der mit erektilem Gewebe ausgestattet ist und durch die Blutzufuhr versteift.

GEFÄHRLICHE PRAKTIKEN

Asphyxiophilie oder auch Hypoxyphilie bezeichnet die Selbststrangulation zur Steigerung der Lust. Die Praktik wird auch Breath Control Play oder Scarfing genannt. Indem bewusst die vorhandene Sauerstoffmenge im Gehirn während sexueller Stimulation verringert wird, steigert sich angeblich die empfundene Lust. Die Asphyxiophilie ist eine sehr gefährliche Praktik. Insbesondere die autoerotische Variante – die Selbststrangulation während des Masturbierens – fordert regelmäßig Todesopfer.

Zu den Opfern gehören:

FRANTISEK KOTZWARA: Der tschechische Komponist starb 1791 in einem Londoner Bordell. Während des Geschlechtsverkehrs mit der Prostituierten Susannah Hill hatte er sich mit einer Schlaufe am Türgriff stranguliert und erstickte.

VAUGHN BODÉ: Der amerikanische Comic-Künstler (Cheech Wizard) starb 1975 offenbar, indem er sich beim Masturbieren selbst erstickte. In einigen Quellen ist dennoch von einem Motorradunfall die Rede.

STEPHEN MILLIGAN: Der britische Journalist arbeitete für die BBC und The Economist. 1992 wurde er für die Konservative Partei in das britische Parlament gewählt (Unterhaus). 1994 wurde der 45-Jährige tot in seinem Haus gefunden. Er hatte sich selbst gefesselt und stranguliert.

KEVON GILBERT: Der amerikanische Musiker arbeitete mit Pop-Größen wie Madonna, Michael Jackson und hatte eine Beziehung mit Sheryl Crow. Sein Manager fand ihn 1996 tot in seinem Haus. Er wurde 29 Jahre alt.

MICHAEL HUTCHENCE: Der Sänger der australischen Band INXS, der mit Kylie Minogue und später mit Paula Yates liiert war, erstickte 1997 im Ritz-Carlton Hotel in Double-Bay, Sydney. Er hatte sich mit einem Gürtel die Luftzufuhr unterbunden.

HIDETO MATSUMOTO: Der als Hide bekannte japanische Rockmusiker wurde 1998 in einem Hotel in Yokusuka gefunden. Er hatte sich mit einem Handtuch am Türgriff stranguliert und starb später im Krankenhaus.

KRISTIAN ETCHELLS: Das hochrangige Mitglied der britischen rechtsextremen Partei National Front erwürgte sich 2005 beim Masturbieren mit dem Kabel eines Wasserkochers. Der 29-Jährige hatte das Kabel an einem Türknauf befestigt.

SELTENE VORLIEBEN – PARAPHILIEN

☞ **Akrotomophilie:** die sexuelle Bevorzugung verstümmelter Partner

☞ **Amputophilie:** körperliche Verstümmelung wird sexuell bevorzugt

☞ **Androphilie:** überwiegend sexuelles Interesse an Männern

☞ **Asphyxiophilie** (Hypoxyphilie): Selbststrangulation zur Luststeigerung

☞ **Autagonistophilie:** Vorliebe, den Akt in der Öffentlichkeit, auf einer Bühne zu vollziehen

- ☞ **Apotemnophilie:** die sexuelle Erregung durch Amputation eigener Körperteile
- ☞ **Autassassinophilie:** die Lust, die eigene Tötung aus sexuellen Motiven zu inszenieren
- ☞ **Autonepiophilie** (Diaperism): Erregung durch das Tragen von Windeln
- ☞ **Biastophilie:** sexuelles Lustempfinden durch Vergewaltigung
- ☞ **Choreophilie:** die Neigung, sich fast ausschließlich durch Tanzen sexuell stimulieren zu lassen
- ☞ **Chrematistophilie:** Lustempfindung durch gespielte Prostitution
- ☞ **Dämonophilie:** sexuelle Bevorzugung von Geistern, manchmal schwer umzusetzen
- ☞ **Dendrophilie:** Bezeichnung für die erotische Empfindung für Pflanzen
- ☞ **Doraphilie:** besondere Erregung durch das Berühren von Fellen
- ☞ **Ephebphilie** (Hebephilie): die sexuelle Fixierung auf Pubertierende
- ☞ **Erotophonie:** Erregung und Befriedigung durch Telefonsex mit Unbekannten
- ☞ **Ergophilie:** sexuelle Bevorzugung von Partnern mit bestimmten Fähigkeiten
- ☞ **Exkrementophilie:** sexuelle Bevorzugung von Ausscheidungen
- ☞ **Gerontophilie:** sexuelle Fixierung auf einen erheblich älteren Partner
- ☞ **Hierophilie:** sexuelle Erregung durch religiöse Objekte
- ☞ **Kleptophilie:** sexuelles Lustempfinden durch Stehlen
- ☞ **Koprophilie:** Erregung durch Fäkalien
- ☞ **Korophilie:** das Begehren von Männern, Geschlechtsverkehr mit sehr jungen Mädchen zu haben (nicht Pädophilie)
- ☞ **Kynophilie:** erotische Hinziehung eines Menschen zu Hunden
- ☞ **Mysophilie:** sexuelle Erregung durch das Empfinden unangenehmer Gerüche oder Geschmäcker
- ☞ **Narratophilie:** Fixierung auf beziehungsweise ausschließliche Erregung durch Gespräche mit sexuellem Inhalt
- ☞ **Nekrophilie:** Sexualtrieb, der auf Leichen gerichtet ist

- ☞ **Objektophilie:** die erotische Liebe zu einem Objekt. Sexualwissenschaftler Volkmar Sigusch berichtet etwa von Betroffenen, die sich in ein Hochhaus oder eine Fähre verliebt hatten.
- ☞ **Paraphilie:** eine von der Norm abweichende sexuelle Vorliebe
- ☞ **Parthenophilie:** sexuelle Bevorzugung unerfahrener Partner
- ☞ **Pictophilie:** sexuelle Lust an Gemälden
- ☞ **Plushophilie:** sexuelle Erregung durch Stoff- oder Plüschtiere
- ☞ **Salirophilie:** die Lust, den Partner mit verschiedensten breiigen, schleimigen oder schlammigen Substanzen zu besudeln
- ☞ **Scatophilie:** die Lust, Menschen obszön zu beschimpfen (Sonderform: Telefon-Scatophilie)
- ☞ **Somnophilie:** zwanghaftes Lustempfinden, schlafende Menschen sexuell zu missbrauchen
- ☞ **Statuophilie:** sexuelle Bevorzugung von Statuen
- ☞ **Stigmatophilie:** sexuelle Fixierung auf tätowierte oder gepiercte Partner
- ☞ **Symphorophilie:** sexuelle Erregung durch Katastrophen und Unfälle
- ☞ **Urophilie:** sexuelle Erregung durch Urin
- ☞ **Xenophilie:** zwanghafte Suche nach sexuellen Erlebnissen mit fremden Personen
- ☞ **Zoophilie:** sexuelle Erregung durch die Nähe von Tieren

LÄNDERKUNDE – SEXUELLE CODES

Arabisch (manchmal auch Persisch): Bezeichnet zum einen, wenn ein Mann seinen Penis in warmes Wasser oder Öl eintaucht, bevor er in die Vagina der Frau eindringt. Diese wird dadurch besser durchblutet. Zum anderen ist arabisch auch eine Bezeichnung für Analverkehr.

●

Deutsch: Steht für Geschlechtsverkehr in der Missionarsstellung, bei der die Frau unten, der Mann oben liegt. Früher war Deutsch eine Bezeichnung für sado-masochistische Praktiken.

●

Englisch: Steht für sado-masochistische Praktiken, bei denen der Partner gezüchtigt wird. Wahrscheinlich aus der strengen klassischen englischen Erziehung.

Französisch: Umgangssprachliche Bezeichnung für Oralsex. Sowohl für den Cunnilingus bei der Frau wie auch Fellatio beim Mann.

Griechisch: Umgangssprachliche Bezeichnung für den Analverkehr.

Indisch: Bezeichnung für Geschlechtsverkehr in ungewöhnlich komplizierten Stellungen.

Italienisch: Bezeichnet die Stimulation des Penis in der Achselhöhle der Partnerin oder des Partners.

Japanisch: Praktik, bei der das Gesicht des Partners mit Urin oder Sperma bespritzt wird und die Demütigung des passiven Partners eine besondere Rolle spielt.

Mongolisch: Sexuelle Stimulation der Po-Backen und an den Po-Backen.

Russisch: Steht für erotische Öl- oder Seifenmassagen, die manchmal auch eine Intimrasur beinhalten. Kann auch die Stimulation des Penis zwischen den Schenkeln einer Partnerin oder eines Partners bezeichnen.

Schwedisch: Technik beim Geschlechtsverkehr, bei der die Frau die Peniswurzel des Mannes so umfasst, dass die Vorhaut so komplett wie möglich zurückgezogen wird. Soll den Orgasmus des Mannes beschleunigen. Wird auch als Florentinisch bezeichnet.

Serbisch: Wird bei Prostituierten oder in der Sado-Maso-Szene als Bezeichnung für eine simulierte Vergewaltigung verwendet.

Spanisch: Bezeichnet die Stimulation des Penis zwischen den Brüsten einer Frau. Der Fachausdruck aus der Sexualkunde dafür ist: Mammalverkehr.

Thailändisch: Bezeichnung dafür, wenn eine Frau mit ihrem nackten Körper den Körper eines Mannes sexuell stimulierend massiert. Nicht zu verwechseln mit der traditionellen Thai-Massage.

GEBURT DER SEXUALITÄT

August Wilhelm Eduard Theodor Henschel (1790 bis 1856) trug zahlreiche Namen, war Wissenschaftshistoriker und verwendete als Erster das Wort »Sexualität« im deutschen Sprachraum. 1829 erschien in Breslau sein Werk »Von der Sexualität der Pflanzen«.

BEATE UHSE – EIN PAAR BIOGRAFISCHE DETAILS

Beate Uhse, eigentlich Beate Rotermund-Köstlin, geborene Köstlin. Geboren 25.10.1919 in Wargenau, Ostpreußen; gestorben 16.7.2001 in St. Gallen, Schweiz. Erotikunternehmerin.

- Mutter Margarete war eine der ersten fünf Ärztinnen Deutschlands
- Mit 15 Jahren wird Beate Uhse hessische Meisterin im Speerwerfen
- Nach einem Solo-Flug von der Flugschule Rangsdorf bei Berlin aus über Magdeburg, Halle, Leipzig und zurück nach Rangsdorf schließt sie am 12. Oktober 1937 ihre Pilotenausbildung ab
- Bei der Brücker Flugzeugbau GmbH lässt sie sich zur Kunstfliegerin ausbilden. Ihr Lehrer ist ihr späterer Ehemann Hans-Jürgen Uhse
- Beate Uhse war die erste Stunt-Fliegerin der deutschen Filmgeschichte
- Beate Uhse war während des Zweiten Weltkriegs Mitglied der Luftwaffe – im Rang eines Hauptmanns
- Ihre unternehmerische Tätigkeit beginnt mit dem Verkauf einer Broschüre darüber, wie Frauen ihre fruchtbaren und unfruchtbaren Tage bestimmen können
- 1960 tritt sie in den Deutschen Verband für Freikörperkultur ein
- Ihr »Fachgeschäft für Ehehygiene« – den ersten Sex-Shop der Welt – eröffnet sie Weihnachten 1962 in Flensburg
- Bis 1992 werden etwa 2.000 Anzeigen gegen ihr Unternehmen eingereicht
- Der Flensburger Tennisclub verweigert ihr die Mitgliedschaft wegen »allgemeiner Bedenken«
- Mit 75 Jahren macht sie den Tauchschein
- 1989 erhält sie das Bundesverdienstkreuz

FREIKÖRPERKULTUR INTERNATIONAL

Länder, deren nationale FKK-Verbände Mitglied der Internationalen Naturisten Förderation (INF) sind:

Argentinien
Australien
Belgien
Brasilien
Bulgarien
Dänemark
Deutschland
Frankreich
Finnland
Griechenland
Großbritannien
Österreich
Indien
Irland
Israel
Italien
Kanada
Kroatien
Litauen
Luxemburg
Neuseeland
Niederlande
Norwegen
Portugal
Russland
Schweden
Schweiz
Slowakei
Slowenien
Spanien
Südafrika
Taiwan
Tschechien
Ukraine
Ungarn
USA

EIN PAAR NACKTE TATSACHEN

Der Deutsche Verband für Freikörperkultur (DFK) ist Mitglied im Deutschen Olympischen Sportbund (DOSB) als Verband mit besonderer Aufgabenstellung.

❖

Präsident der Internationalen Naturisten Föderation, des internationalen FKK-Dachverbands, ist der Deutsche Wolfgang Weinreich.

❖

Der Maler Karl Wilhelm Diefenbach (1851 bis 1913) propagierte die Freikörperkultur und eine vegetarische Ernährung. Seine Zeitgenossen verspotteten ihn deshalb als »Kohlrabi-Apostel«.

❖

Die FKK Jugend e. V. – der Jugendverband des Deutschen Verbands für Freikörperkultur – hat in Deutschland etwa 8.000 Mitglieder. Organisierte FKK-Jugendverbände gibt es außerdem in Großbritannien, den Niederlanden und Frankreich.

❖

»Wir sind nackt und nennen uns du.« Dies war der Titel einer von dem deutschen Arzt Adolf Koch (1896 bis 1970) – einem Begründer der Freikörperkultur – herausgegebenen Zeitschrift. Bis heute ein zentrales Motto organisierter Nacktheit.

❖

Internationale FKK-Bibliothek, Forsthaus am Brand, 34225 Baunatal, Deutschland.

❖

FKK-Clubs, die nacktes Reiten anbieten: »La Jenny« und »La petite Brenne« beide Frankreich; »Lido Braco«, Jamaica; »Pizzo Greco«, Italien; »Sundance Natur Club«, Türkei.

❖

Der erste offizielle Nacktwanderweg wurde am 12. Juli 1984 von Franz Rutar in der Nähe von Klagenfurt in Österreich eingeweiht. Er ist drei Kilometer lang und führt durch Laub- und Fichtenwald.

❖

Der völkisch-nationale FKK-Anhänger Heinrich Pudor (1865 bis 1943) publizierte viele seiner Schriften unter den Pseudonymen Heinrich Scham und Ernst Deutsch.

Der Abschnitt des FKK-Strands im französischen Cap d'Agde – einer der größten Nudisten-Kolonien der Welt –, an dem sich Swinger zum Sex treffen, heißt »Schweinchenstrand«.

WICHTIGE SCHRIFTEN

Ein paar unentbehrliche Abhandlungen:

JENA WEGELI,
»Das Gesäß im Völkergedanken.« Erschienen 1912. Kurzzusammenfassung: Der Japaner mag gern kindlich kleine Hintern, der Perser liebe Frauen mit einem Hintern wie »der aufgehende Vollmond«, schrieb der Ethnologe.

BRUCE BAGEMIHL,
Biological Exubarance: »Animal Homosexuality und Natural Diversity«, erschienen 1999. Zusammenfassung: Tiere haben irrsinnigen Spaß am Sex, egal in welcher Zusammensetzung. Hauptsache, es läuft etwas.

JENA-LUC HENNIG,
»Der Hintern«, 1995. Kurzzusammenfassung: Nur der Mensch habe zwei wie Halbkugeln beschaffene, aus dem Körper hervorragende Pobacken.

ANITA & WOLFGANG GRAMER,
»Wandern mit nix – Sieben strip-trips durch Andalusien«, 2006. Reiseführer, der sieben Nacktwandertouren im spanischen Andalusien beschreibt.

GEOFFREY F. MILLER,
»Die sexuelle Evolution. Partnerwahl und die Entstehung des Geistes«, erschienen 2000. Musik, Malerei, Dichtkunst – all die Kultur hat nur einen Zweck: einen sexuellen Partner zu ergattern und sich erfolgreich fortzupflanzen.

NICK ROBINSON,
»Origami für Erwachsene«, Verlag Zweitausendeins, Frankfurt 2006. Kurzzusammenfassung: Venushügel und kopulierende Karnickel lassen sich auch aus Papier falten.

PENIS-AKROBATIK

»Puppetry of the Penis« ist der Titel einer Performance-Show, die von Simon Morley und Davis Friend erstmals beim 1998 Melbourne International Comedy Festival in Australien auf die Bühne gebracht wurde. Seither treten beide Künstler mit diesem Programm auf, unter anderem in den USA, Kanada, Neuseeland und Australien.
Jessica Simpson und Victoria Beckham sollen das Spektakel sehr ge-

nossen haben. Dabei geht es im Wesentlichen darum, mit dem Penis verschiedene Figuren darzustellen – Penis-Origami wird das Geschehen auf der Bühne deshalb auch von einigen Beteiligten genannt. Die Figuren, zu denen die Künstler ihre Genitalien verknoten:

Der Pelikan
Das Gehirn
Der Ehering
Die Schnecke
Der Atompilz
Der Fallschirm
Der Eiffel-Turm
Der Hamburger
Der Windsurfer
Der G-String-Tanga
Das Monster von Loch Ness
Der aufgewickelte Penis
Die Armbanduhr

SPORTLICHE VERANSTALTUNGEN MIT NACKIGEN FRAUEN ODER MÄNNERN

Lingerie Bowl: Auf Deutsch würde dieser Wettbewerb vielleicht Reizwäsche-Cup oder Unterwäsche-Pokal heißen. In Amerika ist dieser Wettbewerb seit 2004 Realität. Seitdem zeigt ein Fernsehsender immer in der Halbzeitpause des Super Bowl – des Endspiels der amerikanischen Football-Meisterschaft – wie zwei Teams in Dessous, Schulterpolstern und Helmen gekleideter Frauen gegeneinander Football spielen. Die halbnackten Mannschaften schmücken sich mit Namen wie »New York Euphoria«, »Dallas Desire«, »Chicago Bliss« oder »Los Angeles Temptation«.

World Naked Bike Ride. Seit 2004 findet jährlich in vielen Städten weltweit die große Nackt-Fahrradtour statt. Ursprünglich ging es den Organisatoren einmal darum, auf die Abhängigkeit des Menschen von fossilen Brennstoffen aufmerksam zu machen. So gibt es zum Beispiel die Karlsruher FKK Rad Classics, die seit 2000 jährlich veranstaltet werden.

Naked Mile. Von 1986 bis 2001 liefen Studenten der Universität im amerikanischen Ann Arbor, Michigan, nackt durch den Ort, um das Ende des Wintersemesters zu feiern. Das ging gut, bis ab 2000 Polizei und Universität den Nackten das Laufen erschwerten.

Naked Pumpkin Run. 2005 zu Halloween am 31. Oktober wurde zum ersten Mal in Boulder, Colorado, in Denver und Chicago dieser Lauf ausgetragen: nackt, mit nichts als einem ausgehöhlten Kürbis über dem Kopf.

81 Studenten trafen sich im Mai 2004 im Thorpe-Vergnügungspark in der englischen Grafschaft Surrey, um nackt mit der »Nemesis-Inferno-Achterbahn« zu fahren. Dabei zerrte das bis zu 4,5-Fache der Erdanziehungskraft am nackten Fleisch der Teilnehmer, die das Ganze auf sich nahmen, um ins Guinnessbuch der Rekorde zu kommen. Dort sind jetzt allerdings nur 28 nackte Menschen als Rekord-Nudisten Achterbahnfahrt verzeichnet – mehr passten nicht auf einmal in die Wagen.

UNTERKUNFT – DIE VERRICHTUNGSBOX

Sogenannte Verrichtungsboxen ähneln offenen Garagen und wurden konzipiert, damit Frauen dort in Sicherheit ihre Freier bedienen können. Die Kunden fahren dazu mit ihren Autos in die vor fremden Blicken geschützten Boxen. Die Frauen haben im Notfall ausreichend Platz, um das Auto verlassen und rasch einen Alarm auslösen zu können. Eingerichtet wurden die Verrichtungsboxen erstmals im niederländischen Utrecht. Ziel war es, den Straßenstrich in ein Gebiet zu verlagern, das kontrollierbar ist und zu dem Zuhälter sowie Drogendealer keinen Zutritt haben. Mit Erfolg: Gewalt gegen Prostituierte konnte so in Utrecht offenbar deutlich vermindert werden. Köln war die erste Stadt in Deutschland, die kurz vor der Fußball-Weltmeisterschaft 2006 ebenfalls Verrichtungsboxen aufstellte.

FLITZER

In das PC-Spiel *»Anstoß 2005 – Der Fußballmanager«* haben die Programmierer ein Spielereignis mit einem Flitzer eingebaut: Der nackte Mann, der im Spiel über das Fußballfeld rennt, heißt Ernie und erzwingt so eine Spielverzögerung. Vorlage für diese Figur ist Ernst Wilhelm Wittig, der bekannteste Flitzer Deutschlands. Seit den achtziger Jahren radelt er regelmäßig nackt durch Bielefeld. Eine Weile trat er auch als nackter Gewichtheber auf. Seinen größten Auftritt hatte er im April 2005, als er beim Bundesligaspiel zwischen Borussia Dortmund und Arminia Bielefeld vor 76.400 Zuschauern nackt auf das Spielfeld rannte und im Mittelkreis Bodybuilderposen aufführte, bevor ihn Ordner abführten.

EIN PAAR SYNONYME FÜR PENIS

❣ Aal ❣ Achse ❣ Admiral ❣ Aftergeige ❣ Ali Baba ❣ Amor ❣
❣ Amors Pfeil ❣ Angel ❣ Angelhaken ❣ Antenne ❣ Apparat ❣ Arm ❣
❣ Armatur ❣ Arschkitzler ❣ Arschwurzel ❣ Ast ❣ Bajonett ❣ Balken ❣
❣ Ballerbüchse ❣ Ballerrohr ❣ Banane ❣ Bauchwärmer ❣
❣ Baum der Erkenntnis ❣ Begeisterungsknüppel ❣ Beil ❣ Bengel ❣
❣ Besenstiel ❣ Bettzipfel ❣ Bimbam ❣ Blitzableiter ❣ Blockflöte ❣
❣ Blütenstängel ❣ Blütenstempel ❣ Blutwurst Bockpfeife ❣
❣ Bocksdickfuß ❣ Bockshorn ❣ Bohrer ❣ Bohrhammer ❣
❣ Bohrturm ❣ Bolzen ❣ Bombarde ❣ Brecheisen ❣ Brechstange ❣
❣ Bremsstängel ❣ Brennstift ❣ Bruder ❣ Brunnenbohrer ❣
❣ Brunzrüssel ❣ Büchse ❣ Büchsenöffner ❣ Bügelhorn ❣ Bummel ❣
❣ Bumser ❣ Bürstenpinsel ❣ Buschmesser ❣ Chef ❣ Dampfhammer ❣
❣ Dampframme ❣ das dicke Ende ❣ Degen ❣ der Alte ❣ der alte Fuchs ❣
❣ der elfte Finger ❣ der Kleine ❣ Dick ❣ Dicke Berta ❣ dicke Sache ❣
❣ Diener der Lust ❣ Dietrich ❣ Dildo ❣ Ding ❣ Dingelchen ❣ Dingerich ❣
❣ Dings ❣ Dingus ❣ Distelstecher ❣ Dödel Dolch ❣ Donnerbüchse ❣
❣ Donnerkeil ❣ Donnerrohr ❣ Dorn ❣ Drillbohrer ❣ Düsenputzer ❣
❣ Echolot ❣ Eichel ❣ Eichelmast ❣ Eichelrotkappe ❣ Eierschläger ❣
❣ Eierschwamm ❣ Einäugiger ❣ Eindringling Einhandflöte ❣
❣ Einspritzmotor ❣ Entdecker ❣ Er ❣ Erdzunge ❣ Fackel ❣
❣ Fahnenstange ❣ Familientröster ❣ Fensterleder ❣ Feuerbohrer ❣
❣ Feuerhaken ❣ Feuerlöscher ❣ Feuerquirl ❣ Feuerrohr ❣ Fidibus ❣

❣ Fiebermesser ❣ Fiedelbogen ❣ Fikus ❣ Flammenwerfer ❣
❣ Flaschenöffner ❣ Flinte ❣ Florett ❣ Flöte ❣ Flügelhorn ❣ Flutschfinger ❣
❣ Fortpflanzungsventil ❣ Fotzenstriegel ❣ Fotzhobel ❣ Frauenlob ❣
❣ Freudenfühler ❣ Freudenpfriem ❣ Freudensäule ❣ Freudenschleuder ❣
❣ Freudenschweif ❣ Freund ❣ Hugo ❣ Füllhorn Fummelhobel ❣
❣ Funkturm ❣ Funzeldocht ❣ Fürst ❣ Galgenschwengel ❣ Gebärvater ❣
❣ Geheimagent ❣ Geigenbogen ❣ Geigerzähler ❣ Gemächt ❣
❣ Genitale ❣ Genusswurzel ❣ Gerte ❣ Geschäft ❣ Geschlecht ❣
❣ Geschlechtsteil ❣ Geschoss ❣ Geschütz ❣ Gewehr ❣ Gewürzgurke ❣
❣ Gießkanne ❣ Gleitkopf ❣ Glied ❣ Glockenschwengel ❣
❣ glühendes Eisen ❣ Glühwurm ❣ Gnadenhammer ❣ Goldfinger ❣
❣ Granatwerfer ❣ Griffel ❣ große Sache ❣ großer Scheidling ❣
❣ Grübling ❣ Gummiknüppel ❣ Gurke ❣ Hacke ❣ Hahn ❣ Haken ❣
❣ Hammer ❣ Hampelmann ❣ Handbremse ❣ Handfeuerwaffe ❣
❣ Hängemann ❣ Hanswurst ❣ Harke ❣ Harnröhre ❣ Harter ❣
❣ Hartmann ❣ Hartritterling ❣ Haselstock ❣ Haspel ❣ Haubitze ❣
❣ Häubling ❣ Hausknochen ❣ Hausmacherwurst ❣ Hausmeister ❣
❣ Hausschlüssel ❣ Heft ❣ Heimspreizer ❣ Held ❣ Helmling ❣
❣ Hemdspreizer ❣ Henkel Herkuleskeule ❣ Herr ❣ Hinterglied ❣
❣ Hinterlader ❣ Hirtenflöte ❣ Hobel ❣ Hochspannungsmast ❣ Horn ❣
❣ Hörnling ❣ Hornpilz ❣ Hundsrute ❣ Injektionsnadel ❣ Jadestängel ❣
❣ Johannes ❣ Kahler ❣ Kamerad ❣ Kanarienvogel ❣ Kanone ❣
❣ Käppchenmorchel ❣ Karl der Große ❣ Karre ❣ Käsedolch ❣
❣ Käsekeil ❣ Kasper ❣ Kegel ❣ Keil ❣ Kelle ❣ Kerl ❣ Kerze ❣ Keule ❣
❣ Klappmesser ❣ Klinge ❣ Klingelbeutel ❣ Klinke ❣ Klöppel ❣ Knarre ❣
❣ Knebel ❣ Knecht ❣ Kneif ❣ Knochen ❣ Knolle ❣ Knorpelporling ❣
❣ Knubbel ❣ Knüppel ❣ Knute ❣ Knüttel ❣ Kofferschlüssel ❣ Kolben ❣
❣ Kriegsbeil ❣ Krötenstecher ❣ Krückstock ❣ Ladebaum ❣ Lademast ❣
❣ Ladestock ❣ Lampendocht ❣ Lanze ❣ Latte ❣ Lauf ❣ Leier ❣
❣ Liebesdolch ❣ Liebesfackel ❣ Liebesknochen ❣ Liebeslanze ❣
❣ Liebeslolly ❣ Liebesquell ❣ Liebesradar ❣ Liebesschlüssel ❣
❣ Liebeszepter ❣ Liebfrauenkirchturm ❣ Liebstöckl ❣ Lindwurm ❣
❣ Lingam ❣ Lippenstift ❣ Lochbohrer ❣ Lochputzer ❣ Lollypop ❣
❣ Löschhorn ❣ Lötkolben ❣ Luller ❣ Lümmel ❣ Lumpus ❣ Lunte ❣
❣ Lustbaum ❣ Lustbesteck ❣ Lustdäumling ❣ Lustdolch ❣ Lustfeile ❣
❣ Lustfinger ❣ Lustfühler ❣ Lustgabel ❣ Lusthorn ❣ Lustkolben ❣
❣ Lustlöffel Lustpfeil ❣ Lustquirl ❣ Lustrohr ❣ Lustrüssel ❣ Lustsatellit ❣

❣ Lustschaft ❣ Lustschlauch ❣ Lustspachtel ❣ Lustspitze ❣ Luststab ❣
❣ Luststange ❣ Luststiel ❣ Lustwurzel ❣ Lustzapfen ❣ Lutschknochen ❣
❣ Machtzepter ❣ Made ❣ Mangelholz ❣ Mann ❣ Masculinum Mast ❣
❣ Maulwurf ❣ Maus ❣ Meißel ❣ Membrum virile ❣ Minenwerfer ❣
❣ Möhrling ❣ Mönch ❣ Morgenlatte ❣ Mörser ❣ Mundstück ❣
❣ Muschelöffner ❣ Musikantenknochen ❣ Muskete ❣ Nachthorn ❣
❣ Nadel ❣ Nagel ❣ Nager ❣ Negus ❣ Nille ❣ Nothelfer ❣ Nudel ❣
Nudelwalker ❣ Nussknacker ❣ Oboe d'amore ❣ Ochsenziemer ❣
❣ Ölbohrer ❣ Ofenreiniger ❣ Ofenrohr ❣ Okarina ❣ Onaniergurke ❣
❣ Opferstock ❣ Paradiesschlüssel ❣ Peilgerät Pendel ❣ Perlenstab ❣
❣ Petarde ❣ Pfahl ❣ Pfannenputzer ❣ Pfefferstreuer ❣ Pfeife ❣ Pfeil ❣
❣ Pfifferling ❣ Pflock ❣ Pflug ❣ Pfosten ❣ Pfropfen ❣ Phallus ❣
❣ Piephahn ❣ Pike ❣ Piller ❣ Pillermann ❣ Pilz ❣ Pimmel ❣ Pimperl ❣
❣ Pinsel ❣ Pint ❣ Pisser ❣ Pistole ❣ Piston ❣ Portion ❣ Prachtsstück ❣
❣ Präsident ❣ Preller ❣ Priap Prinz ❣ Prothese ❣ Prügel ❣
❣ Pumpenschwengel ❣ Putzstock ❣ Queue Quirl ❣ Ramme ❣
❣ Rammelzeug ❣ Rammler ❣ Rasierpinsel ❣ RaspelRaute ❣ Reiber ❣
❣ Reitpeitsche ❣ Reizker ❣ Repetiergewehr ❣ Riegel ❣ Riemen ❣
❣ Rillenputzer ❣ Ringelstecher ❣ Ritterling ❣ Ritzenhobel ❣ Ritzer ❣
❣ Robert ❣ Rohr ❣ Rohrflöte Röhrling ❣ Rohrnudel ❣ Rohrstock ❣
❣ rosahütiger Wulstling ❣ Rubbler ❣ Rübe ❣ Rücklicht ❣ Ruder ❣
❣ Rührling ❣ Rührlöffel ❣ Rührstock ❣ Rüssel ❣ Rute ❣ Säbel ❣
❣ Sache ❣ Sackpfeife ❣ Saftbohrer ❣ Saftling ❣ Saftmesser ❣
❣ Saftporling ❣ Saftstiel ❣ Salami ❣ Salonnudel ❣ Salzstange ❣
❣ Sämann ❣ Samenspender ❣ Sämling ❣ Satans-Röhrling ❣
❣ Sattelknauf ❣ Schacht ❣ Schaft ❣ Schalmei ❣ Schambein ❣
❣ Schamlippenstif ❣ Schaumschläger ❣ Scheidenstreifling ❣ Schieber ❣
❣ Schießeisen ❣ Schießprügel ❣ Schlange ❣ Schlauch ❣ Schleckstängel ❣
❣ Schlegel ❣ Schleifsäbel ❣ Schleifstein ❣ Schleimkopf ❣ Schleimpilz ❣
❣ Schlips ❣ Schlitzer ❣ Schlitzling ❣ Schlitzmesser ❣ Schlitzputzer ❣
❣ Schlitzsprenger ❣ Schlot ❣ Schmiedehammer ❣ Schmoreisen ❣
❣ Schnabel ❣ Schnabelflöte ❣ Schnäbi ❣ Schneidbrenner ❣
❣ Schnellfeuerwaffe ❣ Schniedel ❣ Schniedelwutz ❣ Schnigelwutz ❣
❣ Schnuller ❣ Schrotflinte ❣ Schüreisen Schürhaken ❣ Schüssel ❣
❣ Schusterjunge ❣ Schwanenhals ❣ Schwanz ❣ Schwartenmichel ❣
❣ Schweif ❣ Schweifraspel ❣ Schwellkörper ❣ Schwengel ❣
❣ schweres Geschütz ❣ Schwert ❣ Schwimmer ❣ Seelenfinger ❣

• Seelenfühler • Seelenwärmer • Sender • Sense • Sichel • • Solomuskel • Soßenlöffel • Spachtel • Spargel • Spaßwürstchen • • SpatzSpecht Speer • Spieß • Spion • Spitzbein • Spitzling • • Spitzmorchel • Sporn • Sportkanone • Spreizer • Spritze • Spross • • Spund • Spundlochbohrer • Spundlot • Stachel • Stacheling • • Stahlrute • Stalinorgel • Stammbaum • Stampfer • Standarte • • Ständer • Stange • StängelStecken • Stecker • Steckling • • Steckrübe • Stehaufmännchen • Stehgreif • Stehwurzel • Steifer • • Steinpilz • Steißbein • Stemmeisen • Stempel • Steuerknüppel • • Stichling • Stichwaffe • Stiel • Stielhandgranate • Stift • Stilett • • Stinkmorchel • Stock • Stoppel • Stoppelreiter • Stöpsel • • Storchenschaft • Stoßbogen • Stoßdegen • Stößel • Stoßer • • Stoßflinte • Stossstange • Strang • Streichriemen • Striegel • • Stummelpilz • Stützbalken • Stutzen • Taktstock • Tanzbein • • Tänzer • Taschenorgel • Taucher • Tauchsieder • Thermostat • • Torpedo • Treiber • Triebfeder • Trommelschlegel • Tröster • • Trumpf • Tube • Unterarm • Unterschenkel • Vajra • Verkehrsader • • Vize • Vogelflöte • Vögelflöte • Vögelschnabel • Vorderachse • • Vorderlader • Waldhorn • Waldmeister • Walze • Wasserlatte • • Wasserpfeife • Weichritterling • Weihwedel • Wetzstein • • Widerhaken • Wichswurzel • Willy • Wolfswurzel • Wulst • • Wunderblume • Wunderhorn • Wunderling • Wünschelrute • • Wurst • Wurm • Wurzel • Wurzelmöhrling • Wüstling • • Zacharias • Zagel • Zapfen • Zapfhahn • Zapfsäule • Zärtling • • Zauberflöte • Zauberstab • Zaunpfahl • Zebedäus • Zentralorgan • • Zepter • Zeug • Zeugeglied • Zinken • Zipfel • Zipferl • Zitteraal • • Zitternadel • Zuchtrute • Zuckerhut • Zungenpfeife • Zweck •

DIE EWIGE SUCHE

Mit Google Trends lässt sich abfragen, von wo aus ein Stichwort am häufigsten bei der Suchmaschine eingegeben wird. Die Ergebnisse für den Begriff »Sex« nach Städten und Ländern, abgefragt am 16.10.2006.

Top 10 nach Städten:	Top 10 nach Ländern
Kairo, Ägypten	Pakistan
Chennai, Indien	Ägypten

Delhi, Indien	Vietnam
Neu-Delhi, Indien	Iran
Mumbai, Indien	Marokko
Izmir, Türkei	Indien
Ankara, Türkei	Indonesien
Istanbul, Türkei	Saudi Arabien
Warschau, Polen	Türkei
Brüssel, Belgien	Philippinen

GRÖSSE ZEIGEN

Die norwegischen Sexualberater Esben Esther Pirelli Benestad, Ragnhild Dahl Keller, Einar Aakvåg und Geneviève Fonteneau Hardeberg veröffentlichten 2004 ihren »**Penisatlas**«. Ihr Ziel: heterosexuellen Männern Vergleichsmöglichkeiten zu geben und so Komplexen vorzubeugen. Denn die Riesenpenisse, die in Pornos zu sehen sind, hätten wenig mit der Realität gemein und führten zu einem verzerrten Bild. Ganz anders die vielen Bilder echter Penisse von nebenan, die im »Penisatlas« abgebildet sind.

SEX UND FUSSBALL

- »Für Charlotte, ich habe dich am 28. Dezember gevögelt. Alles Liebe, Wayne Rooney«. Autogramm, das der englische Stürmer Wayne Rooney einer Prostituierten gab. Und diese dem englischen Boulevardblatt Sunday Mirror.

- »Bei mir ist der Sex nur in der Pause verboten.« Berti Vogts als Trainer der deutschen Nationalmannschaft.

- Fußballprofi Dwight Yorke – lange Zeit bei Manchester United und nach eigener Aussage eine »Sex Maschine« – organisierte zusammenmit Kicker-Kollege Mark Bosnich und einigen Damen eine Sexorgie und filmte diese. Die Videokassette landete kurz darauf bei der englischen Boulevard-Presse.

- In dem Buch »Those Feet: A Sensual History of English Football«. (Bloomsbury, London, 2005) argumentiert David Winner, Fußball habe sich in England im 19. Jahrhundert nur deshalb so erfolgreich ausgebreitet, weil die Obrigkeit darin ein probates Mittel zur Bekämpfung der Masturbation während der Pubertät gesehen habe.

- »Ich habe eine Menge Geld für Alkohol, Weiber und schnelle Autos ausgegeben – den Rest habe ich verprasst.« George Best, tragischer britischer Fußballheld (1946 bis 2005).

ZWEI INSEKTEN- UND SEXUALFORSCHER

Der amerikanische Sexualforscher **ALFRED C. KINSEY** (1894 bis 1956) war ursprünglich Entomologe, das heißt Insektenkundler. In dieser Eigenschaft forschte er intensiv über Gallwespen. Anschließend widmete er sich dem menschlichen Paarungsverhalten und veröffentlichte 1948 seinen ersten Kinsey-Report.

☞

Der Schweizer **AUGUSTE FOREL** (1848 bis 1931) war als Entomologe und Psychiater ausgebildet. Er widmete sich zunächst mit wissenschaftlichem Eifer der Ameise. In seinem Leben veröffentlichte er 273 Schriften über Ameisen und andere Insekten. Weitaus mehr Beachtung fand sein Werk »Die sexuelle Frage« von 1905. Darin vertrat der Schweizer die Ansicht, Sexualität und Fortpflanzung müssten getrennt werden. Außerdem bedauerte er, dass die Ehe zwischen Männern verboten war, denn diese sei »sozial sehr harmlos«. Forel stand jedoch auch für rassistische Ansichten.

☞

EIN PAAR WICHTIGE BEGRIFFE

»**Pledgers**« werden in den USA Jugendliche und junge Erwachsene genannt, die öffentlich geloben, vor der Ehe keinen Geschlechtsverkehr zu haben. Laut einer Umfrage der Soziologen Peter Bearman und Hannah Brückner von 2004 konnte sich die Mehrheit der freiwillig Keuschen allerdings nicht an ihren Schwur halten. Demnach hatten 88 Prozent aller Pledgers vor ihrer Heirat zum ersten Mal Sex.

Der »**Tassle-Twirl**« gilt als eine der Herausforderungen des klassischen Cabaret-Striptease. Dazu lässt die Dame zwei Troddeln, die sie mit Hütchen an ihren Brustwarzen befestigt hat, wie Propeller kreisen.

»**Sanky Panky**« werden professionelle männliche Prostituierte in der Dominikanischen Republik genannt.

»**Beschälen**« bezeichnet das Decken einer Stute durch einen Hengst.

»**Bold**« ist ein Szeneausdruck für ein angeblich aphrodisierendes Aufputschmittel aus Cola und Amphetaminen.

»**Fluidity**« ist ein Schlagwort, das an amerikanischen Hochschulen die Runde macht. Gemeint ist damit: weder homo- noch hetero- oder bisexuell, sondern irgendetwas dazwischen – fließende Übergänge im Sexualleben.

»**Tramp Stamp**« ist der englische Slang-Begriff für das Arschgeweih. Wörtlich übersetzt: Schlampenstempel. Weitere Bezeichnungen für die weit verbreitete Tätowierung über dem Steißbein: Arsch-Vignette, Bürzelpalme, Landehilfe.

»**Gousgounis**« Ausdruck der griechischen Umgangssprache. Bezeichnet einen sexuell sehr aktiven Mann. Bezieht sich auf Kostas Gousgounis, den bekanntesten griechischen Pornodarsteller, der in den siebziger Jahren in zahlreichen Filmen mitspielte.

»**Pornobalken**« Bezeichnung für einen dunklen Schnauzbart. Spielt auf die Schnäuzer-Vorliebe vieler Erotik-Darsteller in den siebziger Jahren an.

Eine »**Demivierge**« – der Begriff stammt aus dem Französischen von demi (halb) und vierge (Jungfrau) – bezeichnet eine Frau, die bereits analen, jedoch noch keinen vaginalen Geschlechtsverkehr hatte. In der Regel spielt dies in Kulturen eine Rolle, in denen die Frau vor der Hochzeit unbedingt Jungfrau bleiben muss.

Unter »**Petplay**« versteht man ein erotisches Rollenspiel, bei dem einer der Partner in die Rolle eines Tieres schlüpft. Am beliebtesten: Hund, Katze, Pferd.

»**Hentai**« werden pornografische Manga-Filme, also erotische Zeichentrickfilme aus Japan, im Westen genannt.

DIE SCHMUDDEL-OSCARS

Alljährlich findet in Las Vegas die größte Porno-Messe der Welt statt, das Treffen der amerikanischen Erotikbranche. Dabei werden auch die AVN Awards (Adult Video News) vergeben, so etwas wie die Porno-Oscars. Mit einem Unterschied: Es gibt unzählige Kategorien. Fast scheint es so, als ginge es den Veranstaltern darum, jedem Beteiligten wenigstens einen AVN- Award zukommen zu lassen. Die 105 Kategorien:

Best New Starlet
Best Male Newcomer
Female Performer of the Year
Male Performer of the Year
Female Foreign Performer of the Year
Male Foreign Performer of the Year
Transsexual Performer of the Year
Best Actress – Film
Best Actress – Video
Best Actor – Film
Best Actor – Video
Best Supporting Actress – Film
Best Supporting Actress – Video
Best Supporting Actor – Film
Best Supporting Actor – Video
Breakthrough Award
Best Non-Sex Performance
Best Tease Performance
Best Director – Film
Best Director – Video
Best Director – Non-Feature
Best Director – Foreign Release
Best All-Girl Sex Scene – Film
Best All-Girl Sex Scene – Video
Best Anal Sex Scene – Film
Best Anal Sex Scene – Video
Best Oral Sex Scene – Film
Best Oral Sex Scene – Video

Best Couples Sex Scene – Film
Best Couples Sex Scene – Video
Best Group Sex Scene – Film
Best Group Sex Scene – Video
Best Three-Way Sex Scene – Video
Best Sex Scene in a Foreign-Shot Production
Best Solo Sex Scene
Most Outrageous Sex Scene
Best Screenplay – Film
Best Screenplay – Video
Best Art Direction – Film
Best Art Direction – Video
Best Cinematography
Best Videography
Best Editing – Film
Best Editing – Video
Best Special Effects
Best Music
Best DVD Extras
Best DVD Menus
Best Video Feature
Best Film
Best DVD
Best All-Sex Film
Best All-Sex Video
Best All-Sex DVD
Best All-Sex Release
Best Gonzo Release
Best Gonzo Series
Best Sex Comedy
Best Vignette Release
Best Vignette Series
Best Continuing Video Series
Best High-Definition Production
Best Interactive DVD
Best Classic Release on DVD
Best Foreign Feature

Best Foreign All-Sex Release
Best Foreign All-Sex Series
Best Anal-Themed Feature
Best Anal-Themed Series
Best All-Girl Feature
Best All-Girl Series
Best Ethnic Themed Release – Asian
Best Ethnic Themed Release – Black
Best Ethnic Themed Release – Latin
Best Interracial Release
Best Ethnic – Themed Series
Best P.O.V. Release
Best Oral-Themed Feature
Best Oral-Themed Series
Best Amateur Release
Best Amateur Series
Best Pro-Am Release
Best Pro-Am Series
Best Alternative Release
Best Alternative Adult Feature Film
Best Specialty Release – Big Bust
Best Specialty Release – BDSM
Best Specialty Release – Spanking
Best Specialty Release – Foot Fetish
Best Specialty Release – Other Genre
Best Transsexual Release
Adult Video Nudes Award
Best DVD Packaging
Best VHS Packaging
Best Packagaing
Best Box Cover Concept
Best Overall Marketing Campaign – Company Image
Best Overall Marketing Campaign – Individual Project
Best Marketing Website
Best Retail Website
Best Renting Title of the Year
Best Selling Title of the Year

Best Advertisement
Hall of Fame
Reuben Sturman Award

SCHULE FÜRS LEBEN

Schauspieler, die ihre Karriere mit den SCHULMÄDCHEN-REPORT-FILMEN begannen:

Heiner Lauterbach, Ingrid Steeger, Friedrich von Thun, Jutta Speidel, Lisa Fitz, Sascha Hehn, Cleo Kretschmer, Andrea L'Arronge, Katja Bienert, Annemarie Wendl und Konstantin Wecker.

☞

Der erste SCHULMÄDCHEN-REPORT von 1970 spielte bei 150.000 Mark Produktionskosten 6 Millionen Mark ein.

☞

Die SCHULMÄDCHEN-SERIE erhielt dreimal den Filmpreis Goldene Leinwand und hatte weltweit mehr als 100 Millionen Zuschauer.

☞

Die Filme wurden stumm gedreht und anschließend nachsynchronisiert.

☞

Andrea L'Arronge war die deutsche Synchronstimme von Pippi Langstrumpf.

GEKAUFTE LIEBE

Männer, deren Kontakt zu Prostituierten freiwillig oder unfreiwillig an die Öffentlichkeit geraten ist:

- + **Jeffrey Archer**, Politiker und Schriftsteller
- + **Michel Friedman**, TV-Moderator
- + **Hugh Grant**, britischer Schauspieler
- + **Jörg Immendorff**, Maler
- + **Dennis Edward Neagle jr.**, Baseball-Profi
- + **Rolf Töpperwien**, Sportjournalist
- + **Jimmy Swaggart**, amerikanischer Fernsehprediger

+ **Ted Haggard**, amerikanischer Prediger und Präsident der Vereinigung der US-Evangelikalen

AMERIKAS BESTE

Lewis Libby war einige Zeit Stabschef des amerikanischen Vizepräsidenten Dick Cheney, bis er 2005 wegen einiger Fälle von Meineid zurücktreten musste. 1996 hatte er schon einmal in anderer Sache für Aufregung gesorgt. Da veröffentlichte der Jurist und Politiker den Roman »The Apprentice«. Kritiker beklagten, das Buch sei voller homoerotischer Fantasien – was konservative Politiker wie Libby sonst selbst geißeln würden. Die Gegenseite regte sich dagegen über eine Szene auf, in der Libby einen Bären beschreibt, der junge Mädchen besteigen soll.

WORTSCHÖPFUNGEN AUS DER TOURISTIK

BUMSBOMBER:
Bezeichnet Flüge in Länder, die als Ziele von Sextouristen gelten

TRIPPERCLIPPER:
Bezeichnet Flüge aus Ländern, die als Ziele von Sextouristen gelten

SPERMABUNKER:
Bezeichnung für Ferienclubs, in die bevorzugt Paare ohne Kinder reisen

TÖDLICHES TUNING

Die Französin **Eve Valois** gelangte unter dem Namen LOLO FERRARI als Erotikdarstellerin zu einiger Bekanntheit. Ihr Markenzeichen waren ihre riesigen Brüste, die sie sich in mehreren Operationen auf einen Umfang von 130 Zentimetern – bei einer Körpergröße von 163 Zentimetern – vergrößern ließ. In anderen Quellen heißt es, ihr Brustumfang habe 180 Zentimeter betragen. Das brachte ihr einen Eintrag ins Guinnessbuch der Rekorde und den Spitznamen »Miss Airbag« ein. Zugleich litt sie durch das enorme Gewicht der Salzwasser-Implantate an Atemnot, Rückenschmerzen und Schlafmangel. Im Jahr 2000 starb sie unter nicht geklärten Umständen an einer Überdosis Tabletten. Sechs Jahre später gab die Argentinierin Sabrina Sabrok bekannt, dass sie den Rekord Lolo Ferraris brechen und noch größere Brüste haben wolle. Da hatte sie ihren Brustumfang mit chirurgischer Hilfe bereits auf 115 Zentimeter erweitert.

BRITISCHE SKANDALE

1889 stieß die britische Polizei in der Cleveland Street 19 auf ein Bordell für homosexuelle Männer. Da zu den Kunden des Etablissements mutmaßlich auch **Prinz Albert Victor, Herzog von Clarence und Avondale** gehörte, damals die Nummer zwei der britischen Thronfolge, ist der Cleveland Street-Skandal heute in Großbritannien noch ein Begriff.

EINMAL GEFREIT, SCHON BEFREIT

James Bond, Frauen verführender Edel-Spion, ist doch einmal ins Netz gelaufen. »Im Geheimdienst ihrer Majestät« von 1969 ist der einzige Film der Bond-Reihe, in dem 007 heiratet. Bond, James Bond, verkörpert von George Lazenby – er spielte den Geheimagenten nur dieses eine Mal –, ehelichte darin Teresa di Vincenzo, genannt Tracy, die von Diana Rigg gespielt wurde. Die Ehe war nur von kurzer Dauer. Auf dem Weg in die Flitterwochen stoppt das Paar, um die Blumendekoration vom Wagen zu nehmen. In diesem Moment rast ein Wagen mit Bonds Widersacher Blofeld (Telly Savalas) und dessen Komplizin Irma Bunt (Ilse Steppat) vorbei. Die Frau schießt auf Bonds Ehefrau und trifft sie tödlich.

KREATIV FÜR MEHR NACHWUCHS

In Japan spielt, wie auch in vielen westlichen Industriestaaten, die niedrige Geburtenrate in der öffentlichen Debatte eine große Rolle. Der Telekommunikationsriese **NTT DoCoMo** startete im Oktober 2006 einen ungewöhnlichen Service, um wieder mehr Babys in japanische Wiegen zu bekommen: Frauen, die ein Baby wollen, können sich seither per SMS auf ihr Handy an ihren Eisprung erinnern lassen. Dazu müssen sie dem Konzern jedoch zuvor die Daten ihres Menstruationszyklus übermitteln.

DRECK AM STECKEN

Unter dem Titel »*Dreck am Stecken*« überprüfte die Zeitschrift *Ökotest* für ihre Novemberausgabe 2006 **Dildos und Vibratoren**. Überraschend fielen viele Testurteile sehr schlecht aus. Die Prüfer bemängelten, dass die Sexspielzeuge zum Teil mit großen Mengen Schadstoffen belastet waren – wie etwa mit bedenklichen Weichmachern, den sogenannten Phthalaten. Die Sexspielzeuge und das Testergebnis:

Freshvibes G2 Patchy Paul II, apfelgrün	sehr gut
HipG Vaginal Vibe, G-Punkt-Vibrator, lila	sehr gut
Lover Vib – natur, Holz-Vibrator	sehr gut
Natural Contours Jolie	sehr gut
Natural Contours Magnifique	sehr gut
Tobis Realistic Slim Vibrator	sehr gut
spritzwassergeschützt	
Vibrator Sinnflut Intensity rot-orange	sehr gut
wiederaufladbar	
Lipstick Unikat flieder-pink	befriedigend
Night Sky Vibrator	befriedigend
Vibrator Joy Stick Mr. BIG	befriedigend
Gemini von Eva, Dual Vibrating Action	ausreichend
Durex Play Inspiration	mangelhaft
Bananen Vibrator gelb	ungenügend
Black Latex Lover	ungenügend
Eroscillator 2 Plus	ungenügend
Florida Dolphin Vibrator, blau	ungenügend
Latexa Vibrator Danish Design	ungenügend
Lust-Spender mit Verwöhn-Vibration	ungenügend
Pearl Shine Series The Love Mate, pink	ungenügend
Penetrating Pleasures Multi-Speed	ungenügend
Jelly Pink Vibrator	ungenügend
Pink Popsicle 8,5 Multi-Speed Vibrator	ungenügend
Vibrator Lavetra Sweet Dreams	ungenügend

DOPPELT VERLOREN – ODER: AMERIKAS BESTE 2

Der evangelikale Christ **Billy James Hargis** (1925 bis 2004) gilt als einer der Gründerväter der christlichen politischen Rechten in den USA. Den Höhepunkt seiner Popularität erreichte er in den 1950er und 1960er Jahren. In seinen Predigten geißelte er vor allem Sexualkunde und sexuelle Aufklärung sowie den Kommunismus und Liberalismus. Stattdessen setzte er sich dafür ein, dass in öffentlichen Schulen wieder gebetet und Bibelstunden gehalten werden sollten. 1971 gründete er das American Christian College, um seine Prinzipien weiterzugeben, dann stolperte er über den Vorwurf sexuellen Missbrauchs. Angeblich hatten sich zwei seiner Studenten während ihrer Flitterwochen gegenseitig gebeichtet, dass sie nicht – wie zuvor geschworen – als Jungfrauen in die gemeinsame Ehe gegangen waren. Wie sich herausstellte, hatten offenbar beide – Mann wie auch Frau – ihre Unschuld an ein und dieselbe Person verloren: Billy James Hargis. Dieser stritt die Vorwürfe ab, verlor durch den Skandal jedoch massiv an öffentlichem Einfluss.

WEIBLICHE SEXUNTERNEHMER

BEATE UHSE, 1919 bis 2001, erfolgreichste Erotikunternehmerin der Welt

SAMANTHA RODDICK, Tochter der Body-Shop-Gründerin Anita Roddick

JACQUELINE GOLD, führt die Marke »Ann Summers« – eine Kette von Sex-Shops speziell für Frauen

CLAIRE CAVANAH und RACHEL VENNING, Gründerinnen der Sex-Shop-Kette »Babeland«. Auch diese wendet sich vor allem an Frauen

CARLYLE JANSEN, Gründerin von »Good for her«, ein kanadisches Erotikunternehmen, das sich ausschließlich an Frauen wendet

THERESA SPARKS, aktuelle Geschäftsführerin von »Good Vibrations (Open Enterprises)«, San Francisco, Kalifornien

NACH DEM UNGLÜCK

Nach dem Terroranschlag auf das World Trade Center am 11. September 2001 erlebten Partnervermittlungen in New York einen regelrechten

Boom. Die Branche verzeichnete in der Stadt Umsatzsteigerungen bis zu 50 Prozent, in der Krise hatten die Menschen offenbar Angst, alleine zu sein. Psychologen boten eine etwas detailliertere Erklärung an: Demnach lösen akute Lebensängste Hormonreaktionen aus. Und natürlich gab es sofort Bezeichnungen und entsprechende Abkürzungen für die neue Lust an der Zweisamkeit:

»TS« (Terrorsex),
»EOWS« (End-of-the-World-Sex)
»PDS« (Post-Desaster-Sex).

EINIGE DAMEN, DIE SICH FÜR DEN PLAYBOY AUSGEZOGEN HABEN

Nadja Abd el Farrag · Amy Acuff · Mariella Ahrens ·
Pamela Anderson · Ursula Andress · Rosanna Arquette ·
Barbara Bach · Bai Ling · Brigitte Bardot ·
Drew Barrymore · Kim Basinger · Silvana Bayer ·
Caroline Beil · Iris Berben · Jaime Bergman · Nina Bott ·
Caprice Bourret · Lisa Boyle · Anne-Sophie Briest ·
Heidi Brühl · Bebe Buell · Naomi Campbell ·
Belinda Carlisle · Tia Carrere · Kyla Cole · Caroline Cossey ·
Cindy Crawford · Racquel Darrian · Patti Davis ·
Carmella DeCesare · Catherine Deneuve · Bo Derek ·
Shannen Doherty · Barbara Eden · Isabel Edvardsson ·
Jolanda Egger · Anita Ekberg · Carmen Electra ·
Erika Eleniak · Shannon Elizabeth ·
Jenny Elvers-Elbertzhagen · Charlotte Engelhardt ·
Susi Erdmann · Angie Everhart · Tiffany Fallon ·
Farrah Fawcett · Anke Feller · Sherilyn Fenn ·
Yasmina Filali · Willa Ford · Jasmin Gerat ·
Deborah Gibson · Elizabeth Gracen · Melanie Griffith ·
Vida Guerra · Janine Habeck · Britt Hagedorn ·
Cosma Shiva Hagen · Geri Halliwell · Regina Halmich ·
Daryl Hannah · Goldie Hawn · Britta Heidemann ·
Christy Hemme · Diana Herold · Eva Herzigová ·
Rachel Hunter · LaToya Jackson · Grace Jones

• Christine Kaufmann • Paula Kelly • Andrea Kempter •
• Alice und Ellen Kessler • Arabella Kiesbauer •
Nastassja Kinski • Sonja Kirchberger • Diana Körner •
• Joanna Krupa • Janine Kunze • Sarah Kuttner •
• Audrey Landers • Alida-Nadine Lauenstein •
• Joanie Marie Laurer • Amanda Lear •
• Veruschka von Lehndorff • Sophia Loren • Elle Macpherson •
• Madonna • Jayne Mansfield • Ashley Massaro •
• Jenny McCarthy • Karen McDougal • Lutricia McNeal •
• Ulrike Meyfarth • Michelle • Shanna Moakler •
• Constance Money • Marilyn Monroe • Demi Moore •
• Alessandra Mussolini • Alexandra Neldel •
• Brigitte Nielsen • Gena Lee Nolin • Kim Novak •
• Anna Nowak • Heydi Núñez Gómez • Uschi Obermaier •
• Eva Padberg • Bettie Page • Tatjana Patitz • Tera Patrick •
• Christina Plate • Teri Polo • Paulina Porizkova •
• Jaime Pressly • Katie Price • Kathy Radzuweit •
• Sibylle Rauch • Gabrielle Reece • Anouschka Renzi •
• Denise Richards • Fanny Rinne • Naike Rivelli •
• Ellen Rocche • Brande Roderick • Mimi Rogers •
• Tina Ruland • Andrea Sawatzki • Sina Schielke •
• Xenia Seeberg • Giulia Siegel • Victoria Silvstedt •
• Tatjana Šimi • Nancy Sinatra • Amber Smith •
• Anna Nicole Smith • Elke Sommer • Jasmin St. Claire •
• Susan Stahnke • Ingrid Steeger • Stella Stevens •
• Jessica Stockmann • Sharon Stone • Dorothy Stratten •
• Christina Surer • Jacqueline Svilarov • Kristy Swanson •
• Stephanie Swift • Tanja Szewczenko • Dita von Teese •
• Charlize Theron • Susen Tiedtke • Shannon Tweed •
• Katalina Verdin • Jessica Wahls • Annika Walter •
• Jody Watley • Teri Weigel • Raquel Welch • Peta Wilson •
• Torrie Wilson • Jenny Winkler • Katarina Witt • Xuxa •
• Veronika Zemanová •

FERNSEHMODERATOREN, DIE DEN DEUTSCHEN DEN SEX ERKLÄRTEN

MATTHIAS FRINGS, *»Liebe Sünde«* (Vox/Pro7), 1992 bis 1995
ANDREA THILO, *»Liebe Sünde«* (Pro7), 1995 bis 1997
MO ASUMANG, *»Liebe Sünde«* (Pro7), 1997 bis 2000
ERNST-JOHANN REINHARDT, bekannt als LILO WANDERS, *»Wa(h)re Liebe«* (Vox), 1994 bis 2004
AMANDA LEAR, *»Peep!«* (RTL2), 1995 bis 1996
VERONA FELDBUSCH, *»Peep!«* (RTL2), 1996 bis 1999
NADJA ABD EL FARRAG, *»Peep!«* (RTL2), 1999 bis 2000

ZWEI WEGEN IHRER LUST BERÜCHTIGTE DAMEN

Die römische Kaisergattin **Messalina** (25 bis 48 n. Chr.) soll es mit der gesamten Prätorianergarde ihres Ehemannes Claudius getrieben haben. Auch die sexuelle Lust der russischen Zarin **Katharina die Große** (1729–1796) ist legendär. Sie ließ ihren Ehemann Peter III. mit Hilfe eines ihrer viele Liebhaber absetzen und umbringen.

WOHLTÄTIGKEIT

Seit mehreren Jahren veranstaltet die amerikanische Sexologin **Charlotte Queen** sogenannte *»gemeinnützige Selbstbefriedigungsprogramme«*. Anders ausgedrückt: Masturbieren für einen guten Zweck. In San Francisco – Hauptaustragungsort der sozial förderlichen Selbstbefriedigung – masturbierten die Teilnehmer in der Regel, um so Geld für Aids- beziehungsweise HIV-Programme zu sammeln. Das war auch der noble Zweck des »Masturbate-a-thons«, der im Spätsommer 2006 in London organisiert wurde. Für zehn Pfund durften die Teilnehmer dort in Männer-, Frauen- oder gemischte Masturbationskabinen. Dort konnten sich die Teilnehmer so lange selbst stimulieren, wie es ihnen gefiel. Den Rekord bei einer der von Charlotte Queen organisierten Masturbations-Veranstaltungen hält übrigens ein Mann, der es auf achteinhalb Stunden Daueronanieren brachte.

SPINAT FÜR DIE FRUCHTBARKEIT

Spinatomeletts zum Frühstück, Spinatsalat zu Mittag und jeden Abend gedünsteten Spinat. So sah nach eigener Aussage lange Zeit der Speiseplan der Pop-Diva **Jennifer Lopez** aus. Der Grund: Die Amerikanerin wollte unbedingt schwanger werden. Da dies jedoch nicht klappte, hatte sie einen Arzt aufgesucht, der die angeblich fruchtbarkeitsfördernde Spinat-Kur empfahl. Da aber auch das Gemüse nicht den gewünschten Erfolg brachte, kündigte die Pop-Diva an, auf künstliche Befruchtung zu setzen. Lopez ist mit dem Sänger Marc Anthony verheiratet.

SEITENWECHSEL

Sex-Industrie – Bürgerlichkeit

Savanna Samson, Pornodarstellerin (»The New Devil in Miss Jones«), profiliert sich als Weinmacherin. Ihr erster Jahrgang des »Sogno Uno«, den sie gemeinsam mit dem italienischen Winzer Robert Cipresso kreiert hat, wurde vom amerikanischen Weinpapst Robert Parker mit 90 bis 91 von 100 möglichen Punkten bewertet – ein Ritterschlag. Der Cuveé des Jahrgangs 2004 besteht aus folgenden Rebsorten: 70 Prozent Cesanese, 20 Prozent Sangiovese und 10 Prozent Montepulciano.

Harry Reems, männlicher Hauptdarsteller des Pornofilms »Deep Throat«, bekämpfte nach seiner Filmkarriere erfolgreich seine Alkoholsucht, konvertierte vom Judentum zum Christentum und arbeitet seit vielen Jahren als Immobilienmakler in Park City, Utah.

Dolly Buster wechselte nach ihrer Zeit als Pornodarstellerin zunächst nur die Perspektive und stand hinter der Kamera. 2004 wollte sie in Prag für die Wahl zum Europaparlament antreten, zog sich aber wegen eines Eklats mit der Partei Nezavisle Iniciativy (Unabhängige Initiative) wieder zurück. Außerdem versuchte sie sich als Schauspielerin, Sängerin und Autorin. Seit August 2006 studiert sie Malerei an der renommierten Düsseldorfer Kunstakademie.

Sarah Young beendete 1997 ihre Karriere als Pornodarstellerin, um in den USA ein Jurastudium zu beginnen.

Louise Frevert war vor ihrer Karriere als Pornodarstellerin Tänzerin in namhaften Ballettensembles und Staatsballetts. Seit 2001 ist sie Parlamentsabgeordnete für die rechtspopulistische Dänische Volkspartei.

Ilona Staller, alias *Cicciolina*, saß von 1987 bis 1992 für die Grüne Partei im italienischen Parlament.

Bürgerlichkeit – Sex-Industrie

Die ehemalige Pornodarstellerin **Dolly Buster** arbeitete vor ihrer Erotikkarriere als Übersetzerin für den Bundesgrenzschutz auf dem Frankfurter Flughafen.

Als der Mediziner **Neil Benson** aus Neuseeland seine Praxis aus finanziellen Gründen schließen musste, sattelte er auf eine vielleicht lukrativere Branche um. Dort, wo er jahrelang als Arzt praktizierte, ist heute ein Puff.

Michaela Schaffrath, die als *Gina Wild* Pornofilme gedreht hat, arbeitete früher als Kinderkrankenschwester.

Die ehemalige deutsche Pornodarstellerin **Kelly Trump**, deren erfolgreichster Film den Titel »Supergirl – Titten aus Stahl« trägt, lernte ursprünglich Zahnarzthelferin.

Mandy Mystery heißt eigentlich **Nicole Hauser**. Vor ihrer Karriere im Porno-Business arbeitete sie als Bäckereifachverkäuferin.

Die Magdeburgerin *Denise La Bouche* trägt den bürgerlichen Namen **Denise Pflug**. Sie war zuvor Zahnarzthelferin.

Sibel Kekili, später als Schauspielerin erfolgreich, arbeitete früher als Verwaltungsfachangestellte im Heilbronner Rathaus, Dezernat für Abfallbeseitigung. Nebenbei verdiente sie sich Geld als Verkäuferin, Türsteherin, Reinigungskraft, Geschäftsführerin eines Nachtclubs, Kellnerin, Promoterin und Fotomodell. Schließlich spielte sie in einer ganzen Reihe Pornofilme mit.

Die amerikanische Pornodarstellerin **Juliet Anderson** arbeitete vor ihrer Erotikkarriere als Englischlehrerin in Japan, Mexiko, Griechenland und Finnland.

Die Pornodarstellerin **Jana Bach** hat eine Lehre als Pharmazeutisch-technische Assistentin abgebrochen, um Justizangestellte zu werden. Dann arbeitete sie als Schreibkraft in einem privaten Krankenhaus.

Andrea Absolonová war Mitglied der tschechischen Nationalmannschaft der Turmspringer. 1996 sollte sie für ihr Land bei den Olympischen Sommerspielen in Atlanta antreten, musste aber wegen einer Rückenverletzung passen. Später drehte sie unter dem Pseudonym *Lea De Mae* weit über 100 Pornofilme.

Rita Faltoyano war vor ihrer Erotikkarriere dreimal ungarische Juniorenmeisterin im Schwimmen.

PORNODARSTELLER, DEREN NAME EIN WORTSPIEL ENTHÄLT

BRIANA BANKS	soll klingen wie Briana bangs (Briana bumst)
JEWEL DE'NYLE	spielt auf den Film »The Jewel of the Nile« (»Auf der Jagd nach dem Juwel vom Nil« 1985) an
VERI KNOTTY	soll klingen wie very naughty (sehr ungezogen)
BRIGITTE BORDEAUX	eines der vielen Pseudonyme, die die französische Darstellerin Brigitte Lahaie verwendete
TYRA MISOUX	spielt auf die italienische Süßspeise Tiramisu an

ZEUGUNGSFREUDIGE HERREN

Giocangga, der Großvater des Begründers der Qing-Dynastie, hat im heutigen Nordchina und der Mongolei vermutlich rund 1,5 Millionen Nachfahren. Das ergab die genetische Untersuchung von 1.000 Männern durch britische Wissenschaftler. Der gemeinsame Urahn soll vor 250 bis 900 Jahren gelebt haben. Die Qing-Dynastie regierte China von 1644 bis 1912.

ψ

Dschingis Kahn, legendärer mongolischer Herrscher, soll der Urahn von 16 Millionen Menschen sein. Einer der Nachfahren des berüchtigten

Herrschers arbeitet als Fachmann für Buchhaltung an einer Universität in Florida.

Ψ

Der mächtige irische Stammesfürst **Niall of the Nine Hostages**, der vor etwa 1.700 Jahren gelebt haben soll, kommt auf etwa drei Millionen männliche Nachkommen. So gilt jeder zehnte Ire und jeder 50. New Yorker europäischer Abstammung als Nachfahre des irischen Fürsten.

Ψ

Derzeit leben etwa 1,5 Millionen Menschen, die den chinesischen Philosophen **Konfuzius** zu ihrem Vorfahren zählen. Das geht aus dem regelmäßig erscheinenden Konfuzius-Stammbaum hervor, der sich über 80 Generationen erstreckt und als einer der größten der Welt gilt. Der chinesische Philosoph lebte vor mehr als 2.500 Jahren.

LIEBE, DIE UNTER DIE HAUT GEHT

Johnny Depp hat ein Tattoo mit dem Text »Vino Forever«. Der Schauspieler ist jedoch kein fanatischer Weinliebhaber. Den Schriftzug ließ er sich während seiner Beziehung mit Winona Ryder in die Haut ritzen. Damals stand dort allerdings »Winona Forever«.

❀

Pamela Anderson hat ein »Mommy«-Tattoo. Eigentlich stand da mal »Tommy«, aber mit dem Ex-Mötley Crüe-Schlagzeuger Tommy Lee ist sie nicht mehr zusammen.

❀

Fußballer **David Beckham** ist noch mit dem Ex-Spice Girl Victoria zusammen und hat sich auf den Arm »Vihctoria« tätowieren lassen. Allerdings in Hindi. Deswegen fiel das »H« zu viel auch erst nicht auf. Die Schrift war so schön.

❀

Schauspielerin **Angelina Jolie** ließ sich während ihrer Ehe mit dem Kollegen Billy Bob Thornton den Schriftzug »Billy Bob« auf einen Oberarm stechen. Nachdem die Ehe gescheitert war, ließ sie sich die Tätowierung per Laser entfernen.

MÄNNER, DIE ANGEBLICH MIT MEHR ALS 1.000 FRAUEN GESCHLAFEN HABEN

Der amerikanische *Playboy*-Herausgeber **Hugh Hefner** brüstete sich damit, dass er mit mehr als 2.000 Frauen geschlafen habe. Da war er 80 Jahre alt, und überhaupt ginge es ihm um Qualität, nicht um Quantität. Kurz darauf erklärte er der britischen *Sun* jedoch, dass ihn Sex etwas ermüde. Mit seinen drei Freundinnen spiele er deshalb lieber Domino.

ψ

Der Schauspieler und berüchtigte Egomane **Klaus Kinski** behauptete in seiner Autobiografie, er habe mit mehr als 1.000 Frauen Sex gehabt.

ψ

Der australische Hollywood-Schauspieler **Errol Flynn** brüstete sich mehrmals damit, im Laufe seines Lebens mit mindestens 1.000 Frauen geschlafen zu haben.

ψ

John Holmes, bekanntester Pornodarsteller der siebziger und achtziger Jahre, verkündete 1981 mehrmals, er habe mit 14.000 Frauen Sex gehabt. Sein Umfeld, das ihn um seinen enormen Penis beneidete, rechnete schnell nach und kam darauf, dass Holmes dann 1,9 Frauen pro Tag hätte haben müssen. Die Schlussfolgerung: Das sei unmöglich, Holmes habe höchstens mit 3.000 Frauen Sex gehabt. John Holmes starb 1988 an Aids.

LUDER – KARRIERE EINES BEGRIFFS

Der Begriff LUDER stammt ursprünglich aus der Jäger-Sprache und bezeichnet einen Tier-Kadaver, der als Köder benutzt wird, um Raubtiere anzulocken. Im Niederdeutschen ist das Wort Luder auch die Bezeichnung für eine Prostituierte, das Wort Lude die Bezeichnung für einen Zuhälter. In der Umgangssprache und besonders in Boulevard-Medien hat sich das Luder als Bezeichnung für Frauen durchgesetzt, denen ein promisker Lebensstil nachgesagt wird. Die sprachliche Luderei verfeinerte sich eine Weile so sehr, dass die Luder spezifiziert wurden. Einige Beispiele:

BOXENLUDER. Sorgt in der Boxengasse der Formel 1 für Silikon und etwas Sexappeal. Prototyp: Katie Price.

PUDDINGLUDER. So wurde das Partygirl Ariane Sommer bezeichnet, als sie in eine Badewanne voller Schokopudding stieg.

TEPPICHLUDER. Seit Gelegenheitsmodel Janina Youssefian behauptete, sie habe in einem Teppichladen Sex mit Dieter Bohlen gehabt, trägt sie diesen Titel.

BOTSCHAFTSLUDER. Djamila Rowe, ein Nacktmodel, das niemand kannte, bis sie sich auf dem Gelände der Schweizer Botschaft in Berlin fotografieren ließ. Sie behauptete, sie habe Sex mit dem Herrn Botschafter gehabt.

BESENKAMMERLUDER. Bezeichnung für Angela Ermakova, die durch den legendären Samenraub in einer Besenkammer eine Tochter von Boris Becker bekam.

GEILES GEMÜSE

Das Wort **Avocado** entstammt dem aztekischen Namen für den Baum, der diese Früchte trägt: Ahuacacuauhitl. Wörtlich übersetzt bedeutet dies: *Hoden-Baum*. Angesichts der Form von Avocados und weil sie an den Zweigen der Bäume oft paarweise herabhängen, ein naheliegender Name. Die Geistlichen unter den spanischen Konquistadoren Mittelamerikas waren in jedem Fall entsetzt. Sie unterstellten der Avocado, dass sie teuflische Lust provoziere, und verboten den Verzehr.

❧

Das Wort **Vanille** leitet sich vom Wort *Vagina* ab.

❧

Der Begriff **Orchidee** stammt vom griechischen Wort für *Hoden*. Orchitis ist eine Hodenentzündung.

PROSTITUIERTE IN DEUTSCHEN STÄDTEN

Stadt	Anzahl	Einwohner pro Prostituierte
Hamburg	8000	200
Frankfurt	2000	310
Stuttgart	1500	380

Berlin	7000	480
Dortmund	1000	590
Rostock	300	850
München	1000	1220
Leipzig	350	1550
Dresden	100	5200

(Ungefähre Angaben von Polizei und Gesundheitsämtern)

HERZENSANGELEGENHEITEN

Die Kreislaufbelastung beim Sex ist für den Mann erhoben worden – meist indem die Herzfrequenz, also der Pulsschlag, gemessen wurde. Wie häufig das Herz pocht, ist allerdings kaum von der Position beim Akt abhängig, wenn keine ausgefallenen akrobatischen Übungen praktiziert werden. Die Herzfrequenz beträgt:

117 Schläge in der Minute, wenn der Mann unten liegt,

114 Schläge in der Minute, wenn der Mann oben liegt.

Diese Herzfrequenz wie auch der ebenfalls gemessene Sauerstoffverbrauch entspricht etwa der Belastung bei der Hausarbeit, dem Rasenmähen oder Golfen.

AUSWÄRTSSPIEL

Das Sexualverhalten deutscher Männer:

	mit Partnerin	mit Prostituierter
Oralverkehr (Frau aktiv)	48,1 %	70,9 %
Sado-Maso/Sex-Spiele	2,5 %	17,6 %
Analverkehr	2,9 %	9,6 %

SELTENE LEIDEN MIT P

PENIS BIFIDUS	angeborene Spaltung des Penis
PENISBRUCH	akute Zerreißung des erigierten Schwellkörpers
PENISCHISIS	gespaltener Penis mit zwei Schwellkörpern und je halber Eichel

PENIS CURVATUS angeborene Schiefhaltung des erigierten Penis
PENISDEVIATION Abknickung des Penis, angeboren oder erworben
PENISERYTHROPLASIE dunkelrote Flecken, die als Krebsvorstufe gelten
PENISGANGRÄN Gewebeschaden nach Sauerstoffmangel oder Entzündung
PENISHODEN Hoden, der in die Peniswurzel verlagert ist
PENISHÖRNER Hornhautbildungen in der Kranzfurche der Eichel
PENISKNOCHEN bei Hund und Affe häufig, beim Menschen seltene knöcherne Struktur im Penis
PENISLUXATION Verlagerung der Schwellkörper in Hodensack oder Leistenbeuge
PENIS PALMATUS Verwachsung zwischen Penisunterseite und Hodensack
PENISTHROMBOSE Verschluss von Penisvenen bei längerer Abflussbehinderung
PENISTORSION Verdrehung des Penis um Längsachse – das Bändchen liegt dann oben
PENITIS Entzündung des Penis

GLOBALISIERTE KÄUFLICHKEIT

Namen von Prostituierten in Europa um 1480

Aliz aus Bern
Anne frisch im Angebot
Christine Schweineroggen
Dänen-Karin
Donner-Citzele
Floria aus dem Wald
Große Ragnhild
Höfliche Maria
Karin Mehlstock
Karine die Schlange
Kleine Normandie
Kristine Lautfurz
Maggae-Arsch
Maggi fünf Finger im Arsch
Marine Neuschnee
Schalkhafte Ysabeau

MAN MUSS NICHT IMMER ALLES AUSSPRECHEN

»The Fortunes and Misfortunes of the Famous Moll Flanders, Who was Born in Newgate, and during a Life of continu'd Variety for Threescore Years, besides her Childhood, was Twelve Years a Whore, Five Times a Wife (whereof once to her own Brother), Twelve Years a Thief, Eight Years a Transported Felon in Virginia, at last grew Rich, liv'd Honest, and died a Penitent. Written from her own Memorandums«, lautete der Originaltitel von **Daniel Defoes** 1722 erschienenem Skandalroman über eine junge Prostituierte, die zwölf Jahre als Hure arbeitete, fünfmal verheiratet war (davon einmal mit ihrem Bruder) und sich als Tagediebin durchgeschlagen hat, bevor sie reich wurde und reumütig starb. Im Deutschen hieß der Titel kurz und bündig ***»Glück und Unglück der berühmten Moll Flanders«***.

MISSIONARSSTELLUNG

Pater Peter Bernasko, Missionar in der Wesley-Mission von Dahomey, betrieb von 1855 bis 1874 das angeblich beste und größte Bordell an der westafrikanischen Küste. Er verlor den Glauben, verfiel dem Alkohol und nutzte die Mission zunächst zum privaten Handel mit Palmöl, bevor er vor Ort ein Bordell gründete. Mit mehreren einheimischen Frauen zeugte er mindestens zwölf Kinder. Seine älteste Tochter arbeitete bereits in seinem Bordell, als der Skandal 1874 in Europa bekannt wurde.

CHARAKTERFRAGE

Künstlernamen der »Frauen von zweifelhaftem Charakter in Tombstone«, die 1882 aufgefordert wurden, sich in der Kleinstadt in Arizona nur *»auf der dunklen Seite der Straße«* aufzuhalten:

Amazone-Amy · Big Nose-Bertha · Bubbles-Berrick · Footsie-Ferel · Formaldehyd-Flo · Paraffin-Katie · Fifi L'Amour · Tuberkulose-Tessie · Toothy-Jane

Unterzeichnet von Doc Linton, Sheriff von Tombston

LÄCHELN FÜR ANFÄNGER

1: Die Brauen leicht senken. Dazu werden die Brauensenkermuskeln angespannt, das heißt der Musculus depressor glabellae, der Musculus depressor supercilii und der Musculus corrugator supercilii.
2: Die Augenöffnung wird minimal verringert mittels des Wangenhebers Musculus orbicularis oculi, pars orbitalis.
3: Die Mundwinkel werden angehoben mit Hilfe des Mundwinkelziehers Musculus zygomaticus major.
4: Die Lippen werden leicht geöffnet durch Anspannung des Musculus depressor labii oder Entspannung des Musculus mentalis oder des Musculus orbicularis oris.
5: Die Brauen werden leicht angehoben durch Anspannung der inneren und äußeren Brauenheber. Das sind der Musculus frontalis, pars medialis sowie der Musculus frontalis, pars lateralis.
6: Abschließend werden die Oberlider etwas gesenkt, indem der Oberlidheber Musculus levator palpebrae superioris angespannt wird.

EINE FRAGE DER MOLEKÜLE 1

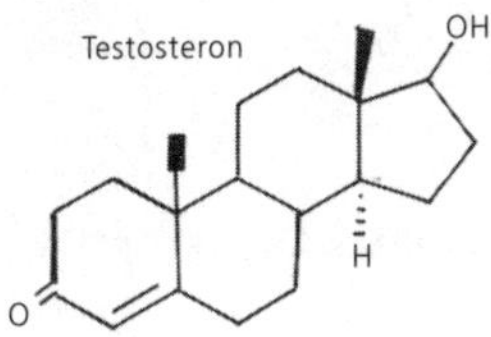

Molmasse: 288,43
Summenformel: C19H28O2

EINE FRAGE DER MOLEKÜLE 2

Testosteron ist neben Nandrolon ein wichtiges Sexualhormon, das bei beiden Geschlechtern vorkommt. In Konzentration und Wirkungsweise unterscheidet es sich jedoch bei Mann und Frau.

Beim Mann fördert Testosteron

- — die Entwicklung und Erhaltung der sekundären Geschlechtsmerkmale
- — Wachstum und Funktion von Penis und Hoden
- — die Spermienproduktion
- — Wachstum und Funktion der Geschlechtsdrüsen
- — die Fettsekretion
- — den Haarwuchs
- — den Muskelaufbau
- — das sexuelle Verlangen, Ausdauer und Lebenslust
- — die Aggressivität
- — die Schmerzunempfindlichkeit
- — dominante und aggressive Verhaltensweisen wie Imponiergehabe, Kampflust und Begattungsdrang

Bei der Frau bewirkt zu viel Testosteron

- ☞ tiefe Stimme
- ☞ stärkere Muskulatur
- ☞ markantere, männliche Gesichtszüge
- ☞ starke Körperbehaarung
- ☞ Imponiergehabe
- ☞ Kampfbereitschaft
- ☞ gesteigerte Lust auf Sex
- ☞ Wachstum der Klitoris

KUSCHEL-HORMON

Das Hormon **Oxytocin** (aus dem griechischen für »schnelle Geburt«) wird im Gehirn im Bereich des Hypothalamus gebildet. Es gelangt über Nervenbahnen in den hinteren Teil der Hirnanhangdrüse, von wo es bei Bedarf abgegeben wird. Oxytocin wird während der Geburt vermehrt ausgeschüttet, denn es führt dazu, dass sich die Gebärmuttermuskulatur anspannt und auf diese Weise die Wehen während der Geburt ausgelöst werden. Zudem regt es den Milcheinschuss an, indem kleine kontraktile Zellen der Milchdrüse stimuliert werden. Auch während des Geschlechtsverkehrs wird Oxytocin freigesetzt und entfaltet opiumartige Wirkungen, das heißt, es wirkt sowohl euphorisierend als auch beruhigend. Deshalb wird angenommen, dass Oxytocin in der Lage ist, Beziehungen zu stabilisieren. Es wird auch als »Kuschel-Hormon« bezeichnet.

VOM RICHTIGEN MASS 1

»In Bezug auf die Regelung des ehelichen Verkehres sei noch angegeben, dass die Mäßigkeit darin besteht, die Vereinigung so selten als möglich zu vollziehen, nicht mehr als ein- bis zweimal im Monat. Es bleibt dadurch viel körperliche Kraft und alle Frische der Empfindung erhalten. Der allwöchentliche, sogar wiederholte Verkehr ist viel zu viel, für den Mann sowohl, wie für die Frau, umso mehr, je anstrengender vielleicht das Berufsleben der Gatten und je weniger robust ihr Körperbau ist.«

(Das goldene Frauenbuch. Die Frau als Hausärztin. Ein ärztliches Nachschlagebuch für die Frau. Von Dr. med. Anna Fischer-Dückelmann, praktische Ärztin. Stuttgart, Süddeutsches Verlagsinstitut, ohne Jahrgang, Kaiserreich)

VOM RICHTIGEN MASS 2

»Daß die Mäßigkeit der Eltern auch für die Kraft der Kinder von Bedeutung ist, dürfte als allbekannt hingestellt werden können; trotzdem richten sich so wenige darnach! Daher giebt es auch so viele nervenschwache Kinder, die nie zu rechtem Lebensgenuß kommen, weil ihre Eltern pflichtvergessen ihre Kräfte vergeudeten.« Quelle s. o.

FAMILIENPLANUNG 1

»Schwangerschaft verhütet man am sichersten und ohne seine ethischen Gefühle zu verletzen durch vollständige Abstinenz in der Ehe, d.i. indem man jahrelang den Zweck der Ehe nicht in der körperlichen Vereinigung, sondern in der gemeinschaftlichen Erfüllung jener Pflichten gegen die Kinder und die Gesellschaft sucht, welche für alle Paare bestehen.«

Quelle s. o.

DIE GLÜCKSFORMEL

»Was führt aber in erster Linie zu dauerndem Glück in der Ehe? Die Mäßigkeit beider Gatten, in zweiter Linie die Keuschheit und Festigkeit der Frau. Auch ein charakterschwacher Mann wird durch diese drei Faktoren im Zaume gehalten und wird ein anständiger Gatte und Vater.«

Quelle s. o.

DAS ERSTE MAL

»Der Mann wird etwas später reif als die Frau und ist mit 23 bis 24 Jahren ausgewachsen. Bis dahin sollte er keusch leben, um seine ganze Kraft in die Ehe hinein zu bringen und sie seinen Nachkommen zu gute kommen lassen zu können. In diesem Alter steht er stark unter dem Geschlechtstrieb und macht, wenn ihm äußerliche und innerliche Stützen fehlen und Eheschließung nicht eintreten kann, viele Dummheiten im Leben.«

Quelle s. o.

PFUI-WÖRTER, POLITISCH UNKORREKT

Manche Begriffe und Fachausdrücke, Sexualität beschreibend, sind in der Alltagssprache zwar verbreitet, doch sie sind moralisch wertend oder gar diskriminierend. Der deutsche Sexualwissenschaftler Erwin J. Haeberle hat deshalb in dem von ihm herausgegebenen dtv-Atlas Sexualität ein »Glossar unsachgemäßer Fachausdrücke« zusammengestellt. Einige dieser Begriffe – und warum sie nur eingeschränkt verwendet werden sollten – führen wir hier auf. Leider macht Haeberle keine Vorschläge, was man stattdessen sagen sollte:

Beischlaf:
Unglückliche Umschreibung für Vaginalverkehr, weil man dabei selten schläft.
Deviation:
Abweichung vom rechten Weg, doch welcher ist der richtige?
Ejaculatio praecox:
Die Beschreibung »vorzeitiger Samenerguss« suggeriert, dass es einen rechtzeitigen Samenerguss gibt.

Fortpflanzungsorgane:
Sie haben nicht nur diese eine Funktion. Das Gleiche gilt für den Begriff Genitalien, was lateinisch »Zeugungsorgane« bedeutet.
Frigidität:
Bedeutet lateinisch Kälte, für mangelnde sexuelle Erregung; wird als Makel einseitig der Frau zugeschrieben.
Geschlechtsakt:
Wird fast immer gleichbedeutend mit Vaginalverkehr gebraucht, es gibt aber auch noch andere Formen sexueller Akte.
Impotenz:
Bedeutet aus dem Lateinischen abgeleitet Machtlosigkeit. Mit Macht oder Ohnmacht hat Impotenz jedoch selten zu tun.
Interruptio:
Bedeutet Unterbrechung einer Schwangerschaft, obwohl die Schwangerschaft abgebrochen wird.
Nymphomanie:
Soll häufigen Partnerwechsel beschreiben. Wann der Partnerwechsel zu häufig ist und für wen das Maß überschritten wird, ist jedoch unklar.
Onanie:
Onan hat sich in der Bibel (1. Mose 38, 8–10) nicht selbst befriedigt, sondern zur Empfängnisverhütung zurückgezogen – Coitus abruptus.
Pollution:
Soll den Samenerguss im Schlaf bezeichnen, bedeutet aber wörtlich auf Latein »Verschmutzung«.
Scham, weibliche:
Bezeichnet die äußeren weiblichen Geschlechtsorgane, eine männliche Scham gibt es offenbar nicht.
Schlafen mit:
Umschreibung für Geschlechtsverkehr, bei dem die Beteiligten meist jedoch wach sind. Der Begriff kann zu Missverständnissen in der Sexualerziehung führen.
Unschuld:
Damit ist gemeint, dass jemand sexuell noch unberührt ist. Als ob sexuelle Erfahrungen schuldig machen.
Vorspiel:
Suggeriert, dass die Hauptsache der Geschlechtsverkehr ist und andere Formen sexueller Akte nicht so wichtig sind.

PORNOFILM-GENRES

Spielfilme: Eine einfache Geschichte, in der jede Gelegenheit zu sexuellen Darstellungen genutzt wird.

Reality-Filme: Scheinbar aus dem Leben gegriffene Szenen, bei denen Einzelne oder Paare auf der Straße oder an einem anderen Ort angesprochen und zu sexuellen Handlungen vor der (angeblich versteckten) Kamera verführt werden.

Nummern-Filme: Porno-Variante des Episodenfilms – eine Szene nach der anderen, in der nur sexuelle Handlungen gezeigt werden. Bei diesen Filmen wird auf eine Rahmenhandlung verzichtet. Oft sind die Szenen aus verschiedenen anderen Filmen zusammengeschnitten. Nummern-Filme sind häufig Zusammenstellungen bestimmter Sex-Praktiken, auch als Vignettes bezeichnet.

Adaptionen: Publikumserfolge des kulturellen Mainstreams werden verfremdet, etwa wenn aus Alice im Wunderland Alice im Spermaland oder aus Clockwork Orange die Clockwork Orgy wird.

Zeichentrickfilme: Vor allem in Japan hat sich eine Industrie für pornografische Trickfilme entwickelt. Außerhalb Japans werden als Hentai (japanisch für »pervers« bzw. »abartig«) Comics und Animationen im Manga- bzw. Anime-Stil bezeichnet, in denen sexuelle Handlungen dargestellt werden.

Gonzo: Meist Pornofilme, die nur aus Sexszenen bestehen. Der Kameramann oder Regisseur ist nicht neutraler Beobachter, sondern gleichzeitig auch Darsteller und greift in das Geschehen ein, indem er etwa Anweisungen gibt oder an sexuellen Handlungen teilnimmt.

P.O.V.-Filme (»Point of View«): Unterart des Gonzo. Kameraführung aus der Position eines meist männlichen Darstellers suggeriert dem Zuschauer aktive Teilnahme.

Artcore: Filme, die sich durch besondere Kameraführung, Schnitttechniken, Zeitlupe und Farbverfremdungen auszeichnen.

Amateur: Der Produzent versucht den Eindruck zu erwecken, es handele sich um Amateuraufnahmen.

Voyeur oder Hidden Camera: Pornografie, die mit versteckter Kamera aufgenommen wird. Meist wird nur vorgegeben, dass die Darsteller nichts von der Kamera wissen.

Exhibitionist/Exhi oder Nude in Public: Nackte Zurschaustellung und sexuelle Handlungen in der Öffentlichkeit, zum Teil mit eingeweihten Zuschauern.

Poser Porn: Pornografische Bilder, die unter Verwendung von Computern erstellt wurden; auch bekannt als Fake Porn.

Slash Fiction: Pornografische Geschichten über bekannte erfundene Charaktere, normalerweise Serien- und Filmcharaktere. Slash Fiction ist die einzige Form der Pornografie, die häufiger von Frauen als von Männern produziert wird.

Interactive Pornography: Meist auf DVD veröffentlichte Filme, in denen Zuschauer per Fernbedienung in die Handlung eingreifen können.

Vintage Erotica: (engl. vintage = dt. Jahrgang, alt, uralt, glänzend) Meist ältere und aufwändig produzierte Hardcore-Filme, z. B. Katharina-die-Große- und Josefine-Mutzenbacher-Pornos.

GESUNDHEIT IN DER PORNOBRANCHE

In Pornos werden heterosexuelle Praktiken noch immer häufig ohne Kondome gezeigt. In Schwulenpornos hingegen ist der Gebrauch von Kondomen inzwischen die Regel; ungeschützten Verkehr bezeichnet man in diesem Zusammenhang als *barebacking* (engl. für »ohne Sattel«). Insgesamt verwenden nach einer Studie der Adult Industry Medical Health Care Foundation nur etwa 17 Prozent der Pornodarsteller Kondome. Zwar sind in der Pornobranche regelmäßige HIV-Tests üblich, doch kann es zwölf Wochen oder länger dauern, bis eine Infektion nachweisbar ist. Dadurch entsteht eine Lücke, in der Infizierte ihre wechselnden Sexualpartner anstecken können. Die Tests sind verpflichtend, werden aber nicht vor jeder Produktion kontrolliert. Somit haben Darsteller ein erhöhtes Risiko, sich mit HIV oder Hepatitis, Gonorrhö, Syphilis oder Chlamydien anzustecken. Nachdem 2004 die Infektion zweier Pornodarsteller in den USA bekannt wurde, erwog das kalifornische Gesundheitsministerium die Einführung einer Kondompflicht für Pornoproduktionen.

HEARTCORE FÜR FRAUEN

Pornos, die heterosexuelle Frauen ansprechen sollen, werden **Heartcore** bzw. **HeartCore** genannt. Dabei wird mehr Wert auf eine Handlung gelegt und meistens auf die üblichen Nahaufnahmen verzichtet.

DA STECKT DOCH MEHR DAHINTER

Puff ist ein meist harmloser Schlag oder Stoß.

Veraltet wird der Begriff »Puff« in einigen Gegenden auch anstelle von »Bausch« verwendet.

Der ***Wäschepuff*** ist ein gepolsterter Behälter zum Aufnehmen verschmutzter Wäsche.

Der ***Puff*** ist ein mit Sägespänen, Holzwolle, Schaumstoff oder ähnlichen Dingen gefülltes Sitzkissen.

In der Schweiz bedeutet ***Puff*** (auch Buff) so viel wie Unordnung, Chaos.

In der Biologie bezeichnet ein ***Puff*** die Stelle, an der Informationen aus der DNS eines Riesenchromosoms gelesen werden.

Puff ist der Name eines Drachen aus dem Lied »Puff the Magic Dragon« von Peter, Paul and Mary und der gleichnamigen Zeichentrickserie.

Puff ist ein Expertensystem des Pacific Medical Center und wertet Lungenfunktionstests aus.

Helmut Puff ist ein Germanist und Historiker.

Puff Daddy ist ein ehemaliger Künstlername von Sean John Combs.

Puff ist ein Brett- und Würfelspiel, das namensgebend für die Bedeutung als Bordell war. Gingen die Männer früher ins Bordell und wurden von ihren Frauen gefragt, wo sie waren, sagten sie, sie waren »Puff« spielen. Das Spiel wurde auch Tricktrack genannt und ist heute als Backgammon bekannt.

STRICH-LISTE

Das Wort Strich bezeichnet:

— eine in der Regel von einem Schreibgerät gezogene, meist kurze, unregelmäßige Linie

— den linienförmigen Abrieb eines farbgebenden Gegenstandes

— die Kürzung eines vorzutragenden Textes, vor allem bei Theateraufführungen
— die Art des Umgangs mit dem Streichgerät: der Strich des Pinsels, des Bogens
— in der Mineralogie ein Kurzwort für Strichfarbe
— die Ausrichtung faseriger Körperoberflächen (etwa Grundrichtung im Fell eines Tieres)
— den Ort der Anbahnung von Prostitution
— als Satzzeichen einen Bindestrich, Gedankenstrich
— in tabellarischen Darstellungen ein Auslassungszeichen
— einen Geviertstrich als typografische Maßeinheit
— eine militärische Winkeleinheit, besonders bei der Artillerie
— eine nautische Winkeleinheit

ENDE MIT SCHRECKEN

Die meisten Ehepaare in Deutschland lassen sich nach wenigen Jahren scheiden. Doch egal nach welcher Zeit die Scheidung eingereicht wird – in jedem Ehejahr stellen mehr Frauen als Männer diesen Antrag. Die Hitliste der verflixten Jahre zeigt, dass Scheidungen am häufigsten sind (in dieser Reihenfolge):

nach
6 Jahren
7 Jahren
8 Jahren
5 Jahren
9 Jahren
10 Jahren
4 Jahren
11 Jahren
12 Jahren
13 Jahren
14 Jahren
3 Jahren

BEKANNTE ROTLICHTVIERTEL

- In HAMBURG die auf St. Pauli gelegene *Reeperbahn* mit ihren angrenzenden Straßen (auch Meile oder Kiez genannt).
- In PARIS das Viertel *Pigalle* am Montmartre mit dem Moulin Rouge und die Umgebung der Straße Rue Saint-Denis.
- Im RUHRGEBIET das Bochumer Rotlichtviertel an der Gussstahlstraße, unter den Namen »*Gurke*« und »*Eierberg*« bekannt. Ähnliches ist in Essen (Stahlstraße), Duisburg (Vulkanstraße), Oberhausen (Flasshofstraße) und Dortmund (Linienstraße) zu finden.
- In Frankfurt am Main das Bahnhofsviertel, das vor allem bei amerikanischen GIs nach dem Zweiten Weltkrieg beliebt war. Die Kaiserstraße ist zum Synonym für das Rotlichtmilieu geworden.
- In Zürich ist das Rotlichtviertel um die Langstrasse herum angesiedelt.
- Die Patpong-Straßen (wie auch Nana Plaza) in Bangkok gehören zu den international bekanntesten Rotlichtvierteln.
- Auch die Bahnhofsviertel von King's Cross (London) und Kings Cross (Sydney) gelten als Rotlichtviertel.
- Ein Teil der Avenida Revolución in Tijuana, Mexiko, ist ein mexikanisches Rotlichtviertel an der Grenze zu den USA, das vor allem von US-Amerikanern aufgesucht wird.

ALLES TÄUSCHUNG

Nach einer Emnid-Umfrage im Auftrag der Frauenzeitschrift *Marie Claire* haben 20 Prozent der deutschen Frauen und 41 Prozent der deutschen Männer ihrem Partner noch nie einen Orgasmus vorgetäuscht. 54 Prozent der Interviewten fanden, dass Sex auch ohne Orgasmus befriedigend sein kann, jede zweite befragte Person meinte, dass der Orgasmus generell viel zu wichtig genommen werde. Für 28 Prozent der Frauen und 42 Prozent der Männer sei er das Schönste am Sex. In manchen Studien wird davon ausgegangen, dass unter Einberechnung der Dunkelziffer mehr als 90 % aller Frauen einmal oder mehrmals einen Orgasmus vorgetäuscht haben.

GRENZEN DER AUFKLÄRUNG

Die Bundeszentrale für gesundheitliche Aufklärung befragt regelmäßig Jugendliche zu den Themen Aufklärung, Sexualität und Verhütung. Die jüngste Befragung aus dem Jahr 2005 an 2.497 Jugendlichen zwischen 14 und 17 Jahren zeigte große Unterschiede hinsichtlich der Sexualaufklärung von Mädchen und Jungen. 75 Prozent der Mädchen werden von ihren Eltern aufgeklärt, aber nur 65 Prozent der Jungen. Um 1980 waren es jeweils nur etwa halb so viele. Die Empfehlungen zur Verhütung sind recht einseitig: 90 Prozent der Jungen bekommen von ihren Eltern Kondome empfohlen, 65 Prozent der Mädchen die Pille. Mädchen werden immerhin zu 48 Prozent zusätzlich Kondome empfohlen. Allerdings halten sich beide Geschlechter nicht strikt an die Anweisungen der Eltern. Beim ersten Mal verhüten 71 Prozent der Mädchen, aber nur 66 Prozent der Jungen mit Kondom. Bei 35 Prozent der Mädchen und bei 37 Prozent der Jungen ist die Pille das Verhütungsmittel beim ersten Mal. Beim ersten Mal verhüten 9 Prozent der Mädchen und 15 Prozent der Jungen gar nicht. Besonders die Jungen geben an, dass sie von der Situation »völlig überrascht« waren.

REZEPT FÜR EINEN GELUNGENEN ORGASMUS

Orgasmus: Der alkoholhaltige Cocktail wird aus 3 cl Sambuca und 1 cl Baileys gemischt. Als »Orgasmus pervers« wird das Getränk bezeichnet, wenn statt Sambuca Kirschlikör verwendet wird. Beide Getränke gelten als »Kurzer« oder auch »Shooter«, da sie in kleinen Gläsern (bis 4 cl) serviert und meist in einem Zug getrunken werden.

Rezept: Zuerst den Sambuca in ein Glas füllen. Danach langsam den Baileys hinzufügen. Der Baileys muss so dazugegeben werden, dass sich beide Zutaten nicht vermischen, allerdings auch nicht exakt voneinander getrennt sind. Der Baileys muss etwas in den Sambuca hinunterfließen.

SONNTAGS NIE 1

Häufigkeit des Geschlechtsverkehrs bei Ehepaaren pro Woche
Nach Kinseys Untersuchungen 1948 und 1953

16–25 Jahre.............. 2,45-mal pro Woche
26–35 Jahre.............. 1,95-mal pro Woche
36–45 Jahre.............. 1,40-mal pro Woche
46–55 Jahre.............. 0,85-mal pro Woche
56-60 Jahre.............. 0,5-mal pro Woche

SONNTAGS NIE 2

Häufigkeit des Geschlechtsverkehrs bei Ehepaaren pro Woche
Nach Untersuchungen von Hunt 1974

18–24 Jahre.............. 3,25-mal pro Woche
25–34 Jahre.............. 2,55-mal pro Woche
35–44 Jahre.............. 2,0-mal pro Woche
45–54 Jahre.............. 1,0-mal pro Woche
> 55 Jahre.............. 1,0-mal pro Woche

BEISCHLAFGÖTTINNEN

Keine Traumfrauen im engeren Sinne, sondern in der römischen Mythologie die drei Göttinnen des ehelichen Geschlechtsverkehrs:
Prema – verleiht der Frau Ruhe und hält sie auf dem Bett
Pertunda – hilft dem Mann, den Schoß der Frau zu durchstoßen
Perfica – löst die Ejakulation aus und vollendet so den Koitus

HEILIGER BIMBAM: MITTELALTERLICHE KIRCHLICHE VORSCHRIFTEN

Geistliche lehrten die Eheleute, wie der »richtige« Geschlechtsverkehr auszuführen war, wann miteinander geschlafen werden durfte und mit wem. Demnach war der Verkehr mit einer Menstruierenden, einer Schwangeren und einer Frau jenseits der Wechseljahre verboten, da mit ihnen der Zweck der Ehe, Nachwuchs zu zeugen, nicht oder nicht mehr erzielt werden konnte. Wenn Verbote nicht halfen, wurden Horrorgeschichten verbreitet. Berühmte Theologen behaupteten beispielsweise, dass beim Geschlechtsverkehr mit einer menstruierenden Frau:

behinderte
aussätzige
wasserköpfige
bucklige
blinde
krumme
blödsinnige
schielende
einäugige
epileptische
taubstumme
hinkende
vom Teufel besessene Kinder

gezeugt würden.

HEILIGER BIMBAM 2

Für noch gefährlicher als Menstruationsblut wurde Wöchnerinnenblut gehalten. 30 bis 40 Tage nach der Geburt mussten Wöchnerinnen von den Geistlichen erst für »rein« erklärt werden, bevor sie wieder die Kirche betreten durften. Starb eine Frau vor dieser Zeit, konnte sie wegen ihres Blutes, das angeblich den Teufel anlockte, nicht auf dem Friedhof beerdigt werden. Sex war in dieser Zeit sowieso tabu.

HEILIGER BIMBAM 3

»Wegen der geisttötenden Gewalt des Geschlechtsverkehrs« sollten sich die Eheleute zu bestimmten heiligen Zeiten und Tagen enthalten. Und zwar

- 20 bis 40 Tage vor Weihnachten
- 40 Tage vor Ostern
- zwei Wochen vor und eine Woche nach Pfingsten
- in allen Nächten vom Freitag auf den Samstag

- in allen Nächten vom Samstag auf den Sonntag
- in den Nächten vor einem Feiertag
- an einem Feiertag
- an den Bußtagen der Woche, also am Mittwoch und am Freitag
- vor einer Kommunion galt grundsätzlich für drei Nächte Zurückhaltung
- in der Hochzeitsnacht
- die ersten drei Tage nach der Trauung

Zusammengerechnet durften die Eheleute zwei Drittel des Jahres keinen sexuellen Kontakt haben.

HEILIGER BIMBAM 4

Die Kirche drohte abschreckende Strafen Gottes für jene an, die das Gebot der sexuellen Enthaltsamkeit übertreten hatten. So erzählte Gregor der Große (gestorben 604) von einer vornehmen, kurz verheirateten Frau, die von ihrer Schwiegermutter eingeladen war, das Einweihungsfest der Sebastianskirche mitzumachen:

»In der Nacht vorher wurde sie von der Fleischeslust besiegt und konnte sich des Umgangs mit ihrem Manne nicht enthalten. Weil sie die Schande vor den Menschen mehr fürchtete als das Gericht Gottes, ging sie trotz ihrer Gewissensbedenken in die Kirche. Als gerade die Reliquien des hl. Märtyrers hereingetragen wurden, fuhr der böse Geist in sie und konnte trotz vieler Versuche lange nicht ausgetrieben werden; erst dem hl. Bischof Fortunatus von Todi gelang es, ihn zu bezwingen.«

HEILIGER BIMBAM 5

Dem heiligen Gregor von Tours (gestorben 594) zeigte eine Frau ihr blindes und verkrüppeltes Kind und gestand unter Tränen, es an einem Sonntag empfangen zu haben. *»Ich sagte ihr«*, so Gregor von Tours,

»dass das wegen der Sünde der verletzten Sonntagsnacht geschehen sei. Nehmt euch in Acht, ihr Männer; es ist doch genug, wenn ihr an den anderen Tagen eurer Lust fröhnt, lasst diesen Tag zum Lobe Gottes unbefleckt; sonst werden euch Krüppel oder Epileptische oder Leprakranke geboren.«

HEILIGER BIMBAM 6

Die Kirchenbußen bei unerlaubtem Geschlechtsverkehr waren hoch. Nach dem Straf- und Bußbuch Reginos von Prüm musste man bei Geschlechtsverkehr am Sonntag drei Tage Buße leisten – die Schuldigen durften sich an diesen drei Tagen nur von Wasser und Brot ernähren und keinen sexuellen Kontakt haben. Bei Geschlechtsverkehr in der 40-tägigen Fastenzeit vor Ostern wurde dem Paar sogar eine Buße von einem Jahr auferlegt, oder sie hatten 26 Goldmünzen als Almosen zu spenden.

HEILIGER BIMBAM 7

Gregor der Große (gestorben 604) riet den Ehemännern, ihre Frauen bis zur Entwöhnung der Kinder nicht anzurühren, da sonst die Muttermilch verderben würde. Dieser Ratschlag wurde kurze Zeit später zum Gebot erhoben. Die Geistlichen warnten Eheleute auch davor, dass zu häufiger Geschlechtsverkehr zu frühem Altern, schnellem Sterben und zum Zerfall der Gehirnzellen führen würde. Albert Magnus war fest überzeugt, dass zu viel Verkehr das Gehirn ausdünnen und zu tiefliegenden und schwachen Augen führen müsste. Zum Beweis erzählte er deshalb:

»Ein Magister Clemens aus Böhmen hat mir erzählt, ein gewisser schon angegrauter Mönch sei zu einer schönen Dame gegangen wie ein Heißhungriger. Bis zum Klopfen zur Matutin hat er sie sechsundsechzigmal begehrt. Aber am Morgen lag er krank im Bett und ist noch am gleichen Tag gestorben. Und weil er ein Adliger war, wurde sein Körper geöffnet. Und man fand, dass sein Gehirn ganz ausgeleert war, so dass von ihm nur die Größe eines Granatapfels übriggeblieben war, und die Augen waren genauso vernichtet.«

PROFESSIONELLE LIEBE 1

Allen Sex-Affären, die sie haben oder die ihnen nachgesagt werden, zum Trotz: Wenn es um erotische Fantasie geht, spielen Politiker kaum eine Rolle. Laut einer Umfrage im August 2006 haben Frauen aus Großbritannien sexuelle Fantasien mit Männern folgender Berufe:

Feuerwehrmänner: .... 47,3 Prozent
Prominente: .... 40,0 Prozent
Soldaten: .... 28,0 Prozent
Erfolgreiche Geschäftsleute: ... 27,3 Prozent
Ärzte: .... 25,7 Prozent
Piloten: .... 25,5 Prozent
Polizisten: .... 25,1 Prozent
Gärtner: .... 18,2 Prozent
Politiker: .... 1,7 Prozent
Milchmänner: .... 0,8 Prozent

PROFESSIONELLE LIEBE 2

Laut einer britischen Umfrage aus dem Sommer 2006 stehen Männer auf Uniformen und haben sexuelle Fantasien mit Frauen folgender Berufe:

Krankenschwestern: .... 53,9 Prozent
Dienstmädchen: .... 44,2 Prozent
Stewardessen: .... 39,6 Prozent
Geschäftsfrauen: .... 24,0 Prozent
Politessen: .... 6,5 Prozent
Lehrerinnen: .... 66,7 Prozent der Schüler

FANTASTISCHE LIEBE

Wovon Briten laut einer Umfrage träumen:

Fantasie vom flotten Dreier: 55,3 Prozent der Männer, 31,3 Prozent der Frauen
Homosexuelle Fantasien: 5,3 Prozent der Männer, 23,5 Prozent der Frauen
Sex mit einem Fremden: 37,9 Prozent der Männer, 26,8 Prozent der Frauen
Internetkontakt für unkomplizierten Sex: 27,9 Prozent der Männer, 8,8 Prozent der Frauen
Fantasien einmal am Tag: 46,9 Prozent der Männer, 21,3 Prozent der Frauen

Fantasie bei Paaren:

22,9 Prozent **haben Fantasien zusammen**
Verschiedene Positionen: 68,6 Prozent
Verschiedene Orte: 34,6 Prozent
Sex-Spielzeug: 31,5 Prozent
Pornos: 18,1 Prozent

ABSTINENZNEUROTIKER

Eher herabsetzend gemeinte Bezeichnung für sexuell enthaltsam lebende Menschen, die die (unzutreffende) Vorstellung spiegelt, sexuelle Abstinenz führe zu speziellen (neurotischen) Störungen.

MEHR LUST

Andromanie: vermehrte sexuelle Motivation bei heterosexuellen Frauen
Aphrodisie: erheblich gesteigerte sexuelle Erregbarkeit

WARUM DER STORCH DIE KINDER BRINGT

Adebar ist eine regionale Bezeichnung für den Weißstorch. Wegen der sprachlichen Ähnlichkeit zum Wort »**odabro**«, das niederdeutsch so viel wie Segenbringer bedeutet, ist der Storch vermutlich zum mythischen Kindergärtner geworden.

FETISCHISMEN

Adhärenzfetischismus: dem eigenen oder einem fremden Körper hinzugefügte Objekte werden als besonders erregend erlebt
Amelotatismus: Fachbezeichnung für Amputationsfetischismus
Analfetischismus: Analregion des Partners oder die eigene wird als besonders erregend empfunden
Autofetischismus I: der eigene Körper wird als besonders erregend erlebt. Typisch ist Masturbation vor dem Spiegel oder beim Betrachten eigener Fotos

Autofetischismus II: Kraftfahrzeuge werden als sexuell besonders erregend erlebt

Kohärenzfetischismus: unmittelbar mit dem eigenen oder einem fremden Körper verbundene Objekte wie Schmuck, Tätowierungen, künstliche Fingernägel oder mit Körpervorgängen verbundene Gegenstände – wie Toilettenschüsseln – werden als besonders erregend empfunden

BABY-TAKE-HOME-RATE

Geborenenrate nach künstlicher Befruchtung – das heißt die Anzahl lebend geborener Kinder bezogen auf die Zahl der Befruchtungsversuche. Bei In-vitro-Fertilisation, also der Reagenzglasbefruchtung, liegt die Rate derzeit bei 14–20 Prozent.

ANDERE LÄNDER, ANDERE SITTEN

Ampallang: traditionelle indonesische Bezeichnung für Stifte, die durch die Eichel des Penis gestochen werden

Apadraya: traditionelle südindische Bezeichnung für Stifte, die durch die Eichel des Penis gestochen werden

Ariltha-Operation, auch Mika-Operation genannt: In Zentralasien traditionell übliche genitale Verstümmelung von Männern, denen nach einer Beschneidung die Unterseite des Penis aufgeschlitzt wird; angeblich, um eine verbreiterte Erektion zu erreichen

Ben-wa: chinesische Bezeichnung für traditionale Vaginalkugeln, die den Rin-no-tama in Japan entsprechen

DAS LETZTE AUFGEBOT

Bis 1998 war es in Deutschland gesetzlich vorgeschrieben, eine beabsichtigte Eheschließung durch einen einwöchigen Aushang – das sogenannte Aufgebot – im Standesamt öffentlich bekannt zu machen. Dritte sollten so die Möglichkeit haben, Ehehindernisse mitzuteilen. Das obligatorische Aufgebot wurde 1215 von der katholischen Kirche eingeführt.

KEINE LUST

Anerosie: fehlende sexuelle Motivation
Anhedonie: fehlende sexuelle Lustempfindung
Anorgasmie: fehlendes Orgasmusgefühl

MODEDETAILS

Anstandsrock: in der zweiten Hälfte des 19. Jahrhunderts verbreiteter gefütterter oder wattierter Unterrock, der vor unabsichtlicher Entblößung schützen sollte

Appetitröckel: im Spätrokoko um 1750 verbreiteter Unterrock aus Seide, der beim Heben des Oberrocks oder Reifrocks sichtbar wurde

ÜBEN, ÜBEN, ÜBEN

Abhängig von Position und individueller Geschicklichkeit kann es beim Koitus zu Verrenkungen, Muskel- und Gelenkschmerzen kommen. Zur Vermeidung wird im einschlägigen Fachbuch »Pschyrembel Sexualität« ein »spielerisches Erlernen und kontinuierlich aufbauendes, vorsichtiges Üben der angestrebten Position« empfohlen.

SEXUELLE ÄNGSTE

Erythrophobie: Angst, in bestimmten Situationen unvermeidbar zu erröten

Berührungsfurcht: Abneigung gegen körperliche, besonders genitale Berührung

Koro: in Polynesien verbreitete Zwangsvorstellung, der Penis könne sich in den Körper zurückziehen und sei dann verloren. Als Komplikation treten Gewebeschäden auf, weil »vorbeugend« schwere Gewichte an den Penis gehängt werden

Monophobie: Angststörung, geprägt durch die Unfähigkeit, allein zu sein

Sexualangst: Versagensangst oder Aversionen in Zusammenhang mit Sexualkontakten

Venerophobie: furchtbesetzte Vorstellung, an einer sexuell übertragbaren Infektion erkrankt zu sein, früher häufig als Syphilophobie, heute eher als Aids-Phobiesyndrom

EINE FRAGE DER ERREGUNG

Die Erektion beim Mann ist medizinisch gesehen reine Nervensache: Parasympathische Nervenimpulse führen dazu, dass die glatten Muskelfasern der Schwellkörper erschlaffen. Dies geschieht, indem NO freigesetzt wird und in die Muskelzellen eindringt und dort das Enzym Guanylatzyklase aktiviert. Durch dieses Enzym wird GTP in cGMP umgewandelt. Dadurch wird die glatte Muskulatur entspannt und der venöse Abfluss aus dem Penis gedrosselt, während der arterielle Zufluss zunimmt. Durch zusätzliche Kontraktion des Musculus ischiocavernosus steigt der Innendruck der Penisschwellkörper auf bis zu 1.000 mmHg an. cGMP kann durch die Phosphodiesterase PDE-5 wieder inaktiviert und zu GMP umgewandelt werden, was die Erektion vermindert.

KOMM, SÜSSER TOD

Der Tod während des Geschlechtsakts hat immer wieder die Fantasie von Künstlern, Literaten und Fremdgängern angeregt. Lange Zeit waren Fachwelt wie interessierte Laien der Meinung, dass der »**mors in coitu**« Männer vor allem in fremden Betten ereilt. Glaubte man etwa einer japanischen Studie aus den sechziger Jahren, lagen nur sieben von 34 Männern in den Armen ihrer Partnerin, als sie auf dem Höhepunkt der Lust entschliefen. Eine deutsche Untersuchung kam zehn Jahre später zu ähnlichen Ergebnissen – hierzulande starben angeblich nur drei von 30 Männern während des partnerschaftlichen Verkehrs. Der Rest verschied aushäusig. Die Sache schien klar: Den von Herz-Kreislauf-Leiden, Bluthochdruck oder Diabetes bereits geschwächten Männern machte ihr schlechtes Gewissen den Garaus. Statt sich im Bordell oder bei der Geliebten zu entspannen, versagte beim verbotenen Liebesspiel das gestresste Herz endgültig. Eine willkommene Erklärung für den plötzlichen Herztod, die außerdem unbedingte Treue nahelegte und notorische Ehebrecher an das Schicksal König Frederiks gemahnte. Der

Dänenherrscher brach 1912 zusammen, der Legende nach, als er in einem Hamburger Freudenhaus zu Besuch war. Um ihm die öffentliche Schmach zu ersparen, trugen die Liebesdienerinnen den schwächelnden Regenten angeblich auf den Gänsemarkt, wo er schließlich starb. Auch der amerikanische Geschäftsmann Nelson Rockefeller (1908 bis 1979) starb während des Geschlechtsaktes an einer Herzattacke. Seine Geliebte, die sehr viel jünger war als er, ließ den toten Liebhaber auf dem Boden liegen und verschwand. Frankreichs Kaiser Napoleon III. erlitt ebenfalls eine tödliche Herzattacke beim Sex . Trotz dieser prominenten Opfer wurde in den 1990er -Jahren der Mythos vom gefährlichen Höhepunkt in fremden Betten entkräftet. Eine groß angelegte Untersuchung an mehr als 10.000 Toten zeigte 1996, dass nur 43 von ihnen durch plötzlichen »Stress« gestorben waren – ganze drei davon während des Akts. Unter den unerwarteten Todesfällen bei Männern macht der »mors in coitu« damit nicht einmal 1 Prozent aus.

DAS ERSTE MAL 1

Die Bundeszentrale für gesundheitliche Aufklärung befragt regelmäßig Jugendliche zu den Themen Aufklärung, Sexualität und Verhütung. Die jüngste Befragung aus dem Jahr 2005 an 2.497 Jugendlichen zwischen 14 und 17 Jahren ergab, dass die Mädchen den Jungen in jeder Altersstufe voraus waren. Bereits Sex hatten nach dieser Untersuchung:

Im Alter von	Mädchen	Jungen
14 Jahren	12 Prozent	10 Prozent
15 Jahren	23 Prozent	20 Prozent
16 Jahren	47 Prozent	35 Prozent
17 Jahren	73 Prozent	66 Prozent

Das heißt aber auch, dass von den

17-Jährigen .... 27 Prozent .. und ... 34 Prozent

noch keinen Geschlechtsverkehr hatten.

DAS ERSTE MAL 2

Im November 2006 veröffentlichte die medizinische Fachzeitschrift *The Lancet* eine große Analyse zum weltweiten Sexualverhalten. Das durchschnittliche Alter, in dem Männer das erste Mal Sex haben, beträgt demnach in:

Großbritannien	16,5 Jahre
Kenia	16,5 Jahre
Sambia	16,5 Jahre
Peru	16,5 Jahre
Dom. Rep.	16,5 Jahre
USA	17,3 Jahre
Frankreich	17,5 Jahre
Italien	17,5 Jahre
Australien	17,5 Jahre
Schweiz	18,5 Jahre
Norwegen	18,5 Jahre
Türkei	18,5 Jahre
Togo	18,5 Jahre
Simbabwe	19,5 Jahre
Nigeria	20,5 Jahre
Kasachstan	20,5 Jahre
Senegal	20,5 Jahre
Philippinen	20,5 Jahre
Bangladesch	22,5 Jahre
Indonesien	24,5 Jahre

DAS ERSTE MAL 3

Im November 2006 veröffentlichte die medizinische Fachzeitschrift *The Lancet* eine große Analyse zum weltweiten Sexualverhalten. Das durchschnittliche Alter, in dem Frauen das erste Mal Sex haben, beträgt demnach in:

Kamerun	15,5 Jahre
Nigeria	15,5 Jahre

Mali	15,5 Jahre
Äthiopien	15,5 Jahre
Tschad	15,5 Jahre
Uganda	16,5 Jahre
Madagaskar	16,5 Jahre
Großbritannien	17,5 Jahre
USA	17,5 Jahre
Norwegen	17,5 Jahre
Togo	17,5 Jahre
Namibia	18,5 Jahre
Frankreich	18,5 Jahre
Italien	18,5 Jahre
Schweiz	18,5 Jahre
Chile	20,2 Jahre
Ruanda	20,5 Jahre
Armenien	20,5 Jahre
Kasachstan	20,5 Jahre
Philippinen	21,5 Jahre

INS HIMMELREICH TROTZ KONKUBINEN

Bis zum **Konzil von Trient** (1545–1563) kam es vor, dass Priester mit Konkubinen zusammenlebten. Ihnen wurde dafür in der Regel eine hohe Geldstrafe auferlegt; oft machten die Beträge mehr als ein Jahresgehalt aus. So wuchs etwa der Zürcher Reformator **Ulrich Zwingli** bei einem Onkel auf, der als Priester im Bistum Konstanz mit Konkubine und Kindern zusammenwohnte. Auch Zwingli selbst lebte während seines priesterlichen Dienstes in Zürich in einer festen Beziehung. Später heiratete er seine Konkubine.

INTIMFEINDE

Personen des öffentlichen Lebens haben sich dazu bekannt, freiwillig auf Sex zu verzichten. So verkündeten in den 1980er Jahren vor allem Popstars wie **Morrissey** (*»I always found it particularly unenjoyable«* – *»Ich fand es einfach immer besonders unerfreulich«*) und **Boy George** (*»I would rather have a cup of tea than sex«* – *»Ich hätte lieber eine Tasse Tee als Sex«*), dass sie kein Interesse an sexuellen Beziehungen hätten und enthaltsam lebten.

DISKRIMINIERUNG

Der weibliche Part der Konkubinatsbeziehung heißt Konkubine; eine männliche Form dieses Wortes existiert nicht.

SCHWEIZER ZUSAMMENLEBEN

In der Schweiz bedeutet Konkubinat so viel wie Ehe ohne Trauschein, Wilde Ehe, Nichteheliche Lebensgemeinschaft, Konsensuale Lebensgemeinschaft oder Eheähnliche Gemeinschaft. In der Schweiz existierte bis vor wenigen Jahren das Konkubinatsverbot, das im Kanton Zürich folgenden Wortlaut hatte: »*Das Konkubinat ist untersagt. Die Gemeinderäte haben von Konkubinatsverhältnissen dem Statthalteramt Kenntnis zu geben. Dieses erlässt die erforderlichen Verfügungen zur Aufhebung des Verhältnisses unter Androhung strafrechtlicher Verfolgung wegen Ungehorsams.*« Das Konkubinatsverbot wurde in der Schweiz erst in jüngster Vergangenheit (Zürich 1972, Wallis 1995) aufgehoben.

HOCHZEITSWALZER

Kaum eine Hochzeit ohne Wiener Walzer. Besonders beliebt für den Brautwalzer sind die Walzer von Johann Strauß:

An der schönen blauen Donau
Kaiserwalzer
Fledermaus-Walzer
Wiener Blut

Als Alternative:

Chopin, Walzer midi op. 64.2

Amerikanische Standards wie

Moon River

AUF VIELEN HOCHZEITEN TANZEN

Der Begriff Hochzeit, von mittelhochdeutsch: hoch(ge)zit, hohes kirchliches oder ziviles (weltliches) Fest, Hochzeitsfeier, bezeichnet

In der Aussprache mit *kurzem o*:
≈ die Zeremonie und Feier der Eheschließung oder Begründung einer anderen Lebenspartnerschaft
≈ in weiterem Sinne entsprechende Jahrestage wie Goldene Hochzeit
≈ in der Druckersprache ein doppelt gesetztes Wort oder eine doppelt gesetzte Zeile
≈ in der Automobilfertigung: den Zeitpunkt, an dem die Karosserie mit der Antriebseinheit verbunden wird
≈ eine Spielart beim Doppelkopf, oder beim Schafskopf, wenn ein Spieler nur einen Trumpf hat
≈ das fünfte Studioalbum der Potsdamer Mittelalter-Metal-Band Subway to Sally

In der Aussprache mit *langem o*, häufig mit Bindestrich geschrieben:
≈ ein Synonym für die Metapher Blütezeit, also die Hauptphase einer Epoche, zum Beispiel die Hoch-Zeit des römischen Reiches

EHE

Ehe stammt von althochdeutsch: *awe* = Ewigkeit, Recht, Gesetz und bezeichnet deshalb eine sozial anerkannte und auch durch Rechtsregeln gefestigte Lebensgemeinschaft, traditionell von Mann und Frau. Die Ethnologie bezeichnet mit Ehe eine Wirtschafts- und Reproduktionsgemeinschaft zwischen zwei oder mehr Personen unterschiedlichen Geschlechts (nicht unbedingt gleichen Rechts), deren gemeinsame Kinder durch die Ehe legitim werden. Weiter umfasst eine Ehe immer eine Art öffentlich (oft religiös) anerkannten Vertrags sowie ökonomische Rechte und Pflichten zwischen den betroffenen Personen, die durch diesen Vertrag geregelt werden. In vielen Gesellschaften hat die Ehe auch die Funktion, eine bestimmte legitime Erblinie abzusichern. In der modernen westlichen Welt bedingt eine Ehe die gesetzliche Verpflichtung zur gegenseitigen materiellen Versorgung.

GEBUNDEN

Im Spanischen ist der Begriff für Ehefrauen und der Begriff für Handschellen identisch – *las esposas.*

POLTERABEND

Hochzeitsbrauch, um dem Brautpaar vor der Heirat durch Zerbrechen von Porzellan eine gelungene Ehe zu wünschen – *»Scherben bringen Glück«*. Der Polterabend findet meist vor dem Haus der Braut oder deren Eltern statt. Das Brautpaar gibt den Termin bekannt, lädt aber niemanden ein. Porzellan, Töpfe, aber auch Fliesen, Waschbecken oder Toilettenschüsseln werden zerscheppert. Verboten sind Gläser (Glas steht für Unglück) oder Spiegel (ein zerbrochener Spiegel steht für sieben Jahre Pech). Das Brautpaar muss den Scherbenhaufen wegkehren. Der Polterabend wird meist am Freitagabend vor der Hochzeit gefeiert, in manchen Gegenden auch Donnerstag- oder Samstagabend. Ein neuerer Brauch ist die Polterhochzeit. Dabei werden Polterabend und Hochzeit zusammen gefeiert und es wird während der Hochzeitsfeier gepoltert.

GIPFELSTÜRMER

Das amerikanische Sexologen-Ehepaar **Virginia Johnson** und **William Masters** hat 1966 den sexuellen Reaktionszyklus bei Mann und Frau akribisch beschrieben. Vorausgegangen waren Messungen an Hunderten von Versuchspersonen. Demnach gibt es vier Phasen der Erregung:

Erregungsphase: Sekunden bis Stunden, Puls und Blutdruck steigen, Klitoris und Schamlippen werden größer; Erektion

Plateauphase: Orgastische Manschette bei der Frau, sie sondert aus den Bartholin-Drüsen ein bis drei Tropfen klares Sekret ab. Beim Mann wird aus den Cowperschen Drüsen der sogenannte »Lust- oder Sehnsuchtstropfen« freigesetzt

Orgasmusphase: Kontraktionen der Becken- und Genitalregion im Abstand von etwa 0,8 Sekunden, häufig sind es 5 Kontraktionen bei der Frau, 10–15 Kontraktionen bei einem intensiven

Orgasmus. Beim Mann kommt es zur Ejakulation mit 3 bis 10 Kontraktionen in länger werdendem Abstand

Rückbildungsphase: Blutdruck, Puls und Atmung normalisieren sich wieder. Klitoris, Schamlippen, Brustwarzen und Penis schwellen wieder ab. Der Mann ist eine Weile (wenige Minuten bis Stunden) in der sogenannten Refraktärphase nicht erregbar, die Frau schon

IST DER LANG

Im **Nebenhoden** (griechisch: Epididymides) ist an der Hodenoberfläche jeweils ein Nebenhodengang (Ductus epididymidis) eng zusammengeknäuelt. Dieser Gang ist etwa 6 Meter lang.

SEHNSUCHTSORTE

Etwas unterhalb der Prostata befinden sich die Cowper-Drüsen. Sie sind nur erbsengroß. Bei Erregung können sie schon vor der Ejakulation ein paar klare Tropfen Sekret absondern, die sogenannten »Sehnsuchtstropfen«.

JUNGGESELLENABSCHIED

Typische Rituale bei Junggesellenabschieden

Für Männer:

- ♂ sich mit Handschellen in der Damentoilette festketten und eine Dame davon überzeugen, den Schlüssel bei den anderen zu kaufen, um ihn zu befreien
- ♂ Klotz am Bein basteln, den er den ganzen Abend herumtragen muss
- ♂ Lippenstift mitnehmen: die Frauen sollen ihn auf den Arm küssen
- ♂ Frauen die Nägel lackieren
- ♂ Wanderung, bei der an verschiedenen Stationen Alkohol versteckt ist, den der Junggeselle finden und trinken muss

Für Frauen:

- ♀ Besuch einer Herrentoilette
- ♀ Küsse verkaufen

Für Frauen und Männer:

- ♀♂ mit einem Bauchladen Süßigkeiten, Kondome oder Sex-Shop- Artikel verkaufen
- ♀♂ aus einer Lostrommel Gutscheine verkaufen (ohne selbst zu wissen, was draufsteht) mit Aufgaben wie:
- ♀♂ ein Tanz mit dem Junggesellen
- ♀♂ ein Sekt aus ihrem Schuh für den Junggesellen
- ♀♂ Trinkspiele
- ♀♂ Besuche von Stripshows, Kneipen, Discos, Bars etc.
- ♀♂ Waschanleitungen aus der Unterwäsche vom anderen Geschlecht schneiden
- ♀♂ eine Flasche Sekt versteigern, wobei derjenige die Flasche gewinnt, der der zu verabschiedenden Person den längsten Kuss gibt

ARBEITSTEILUNG

Das Sperma im Ejakulat wird keinesfalls allein im Hoden hergestellt. Hoden und Nebenhoden übernehmen sogar nur den geringsten Anteil am Ejakulat.

Beteiligte Drüsen und ihr ungefährer Anteil am Gesamt-Ejakulat

Hoden und Nebenhoden	5 %
Samenbläschen	45–80 %
Prostata	10–30 %
Cowpersche Drüsen	2–5 %

DER LETZTE ZEUGE

Zur standesamtlichen Trauung sind in Deutschland seit dem 1. Juli 1998 keine Trauzeugen mehr vorgeschrieben, bis zu zwei können jedoch benannt werden. Gleiches gilt für eine Eheschließung in evangelischen

Konfessionen (sowie für die Begründung der Lebenspartnerschaft in Berlin, Hamburg, Mecklenburg-Vorpommern, Niedersachsen, Nordrhein-Westfalen, Sachsen-Anhalt und Schleswig-Holstein). Die katholische Kirche schließt Ehen nur in Gegenwart zweier Trauzeugen. In der Schweiz sind ebenfalls zwei Trauzeugen vorgeschrieben.

BRAUT UND BRÄUTIGAM

Seemanns Braut ist die See (»La Paloma«)
Das Gewehr ist die **Braut des Soldaten**
Die libysche Hauptstadt Tripolis ist die **Braut des Mittelmeers**
»**Die Braut des Nil**« ist ein Buch von Christian Jacq
»**Die Braut des Teufels**« ist eine Film des Regisseurs Terence Fisher
Die Birke gilt als die ***Braut des Waldes***, wegen ihrer weißen Rinde
Die **Braut des Windes** ist ein Segelschiff

STAATSAFFÄREN

Der konservative britische Politiker **John Dennis Profumo** (geboren 1915) löste in den 1960er Jahren mit der nach ihm benannten *Profumo-Affäre* einen Skandal aus. 1960 wurde er Heeresminister unter Premier Harold Macmillan. 1961 lernte er das Fotomodell Christine Keeler kennen und begann eine Affäre mit ihr – er war mit der Schauspielerin Valerie Hobson verheiratet. Keeler hatte Verbindungen zu einem russischen Militärattaché in London, weshalb sie zur Spionin stilisiert wurde. Am 2. März 1963 deckte der Labour-Abgeordnete George Wigg im Parlament Profumos Liaison auf, am 5. Juni 1963 trat Profumo zurück. Am 10. März 2006 starb er an den Folgen eines Schlaganfalls.

SUPERSCHWERGEWICHT

Feeding ist eine Vorliebe, bei der ein Feeder (dt. Fütterer) eine Person (Feedee) »anfüttert«, bis sie deutliches Übergewicht erreicht hat und für ihn attraktiv ist. Feeding ist in unterschiedlichen Ausprägungen bekannt, von leichtem Übergewicht bis hin zu extremen Formen von Adipositas. In den meisten Fällen handelt es sich um heterosexuelle Beziehungen, bei denen der Feeder ein Mann ist. Bei homosexuellen

Männern heißt der Feeder Encourager und der »Gemästete« Gainer. Im Jargon der Feeder werden spezielle Begriffe benutzt:

BBW – Big Beautiful Woman, Frau mit Übergewicht
SSBBW – Super-Sized Big Beautiful Woman, Frau mit großem Übergewicht
FA – Fat Admirer
FFA – Female Fat Admirer
BHM – Big Handsome Man
Feeder – Fütterer
Feedee – der/die Gefütterte
Stuffing – Nahrungsaufnahme, bis nichts mehr reingeht
Encouraging – gibt es auch bei homosexuellen Beziehungen, es wird zur Nahrungsaufnahme aufgefordert, allerdings ohne Zwang

Vor allem üblich unter Homosexuellen:
Chub – ein übergewichtiger Homosexueller
Superchub – die Steigerung von Chub
Gainer – der Gefütterte
Encourager – der Fütterer

JA, JA

Lauren Lubeck Blair und **David E. Hough Blair** (beide USA) gaben einander am 16. August 2004 in der Lighthouse Lounge im Boardwalk Hotel & Casino in Las Vegas, Nevada (USA), zum 83. Mal das Jawort. *»Wir mögen es, einander zu sagen, wie sehr wir uns lieben, und uns dabei in die Augen zu schauen und uns das Eheversprechen zu geben«*, sagt David.

LANGE TREUE

Der Rekord für die meisten Generationen einer Familie, die Diamantene Hochzeit (60 Ehejahre) gefeiert haben, wird von den Nachkommen von **William** und **Rose Hill** in Großbritannien gehalten. Vier Generationen dieser Familie haben bis heute insgesamt sechs Diamantene Hochzeiten begangen.

EIN GANZ BESONDERER SAFT

Normale Ejakulatmenge:	2–6 ml
Spermienanteil am Ejakulat:	3–5 %
Tagesproduktion:	bis zu 100 Millionen Spermien
Spermien pro ml:	20–120 Millionen
Mindestmenge zur Befruchtung:	10–20 Millionen Spermien pro ml, 50–60 % beweglich
Kalorien pro Ejakulat:	5 kcal
pH-Wert:	5,5–8,5
Geruch:	Kastanienblüten-artig
Aussehen:	milchig, trübe
Spermienlänge:	0,06 mm
Schwanzschläge pro cm:	ca. 800
Geschwindigkeit in Vagina/Gebärmutter:	3–4 mm/min
Reifungsdauer:	etwa 74 Tage
Lebenserwartung (im Mann):	1 Monat
Überlebensdauer:	in der Vagina einige Stunden, an der Luft 4–24 Stunden, im Gebärmutterhals bis zu 7 Tage

VERLÖBNIS

Versprechen, eine Person (seinen Verlobten beziehungsweise seine Verlobte) zu heiraten, das heißt, eine verbindliche Übereinkunft zwischen zwei Personen, dass sie heiraten werden oder eine Lebenspartnerschaft eingehen. Dessen Rücknahme, die »Entlobung«, hat minder schwere Voraussetzungen als die Beendigung einer Ehe oder Lebenspartnerschaft.

30 SCHRITTE

Die Ethnologin **Margaret Mead** untersuchte während des Zweiten Weltkriegs das Verhalten von amerikanischen Soldaten und englischen Mädchen. Zu dieser Zeit waren Hunderttausende amerikanischer Soldaten in England stationiert und es wurde von Problemen zwischen ihnen und den einheimischen englischen Mädchen berichtet. Diese empfanden die Soldaten als sehr aufdringlich, während die Soldaten davon berichteten, dass die Mädchen gleich mit ihnen schlafen wollten. In ihrer Untersuchung stellte Margaret Mead fest, dass die Kontakte zwischen beiden Geschlechtern in 30 Einzelstufen abliefen. Was zu Problemen führte, war, dass die Einordnung in diese Stufen unterschiedlich bewertet wurde. Während die amerikanischen Männer schnell versuchten, die Mädchen zu küssen, wurde dieser Schritt von denen wiederum als völlig unangemessen empfunden, da er auf ihrer »Eskalationsleiter« erst an 25. Stelle kurz vor dem Beischlaf erfolgen konnte. Das Küssen stand bei den Männern aber schon an fünfter Stelle. Hatten die Mädchen dem Küssen zugestimmt, waren die letzten fünf Stufen kein großes Hindernis. Dies war wiederum für die Männer unerwartet, so dass sie ihre Partnerin fast als Prostituierte charakterisierten.

NAMPA

Nampa ist eine japanische Variante des Flirts, die unter Teenagern und Twens populär ist. Das Wort Nampa bezieht sich auf Leute, die sich mehr für Spaß und Genuss interessieren als für »harte« Themen wie Politik oder akademische Diskussionen. Nampa findet meist auf belebten Straßen in den Innenstädten statt, so um den Bahnhof Shibuya in Tokio. Beim Nampa steht der Mann am Rand der Straße und fokussiert die vorbeilaufenden Frauen. Frauen, die ihm gefallen, spricht er an und lädt sie entweder zu Karaoke oder zu einem Kaffee ein. In manchen Fällen endet das Nampa direkt im Love Hotel; oft führt es zumindest zu einem weiteren Rendezvous. Nampa ist in Japan gesellschaftlich akzeptiert, auch wenn es nicht alle praktizieren. Auch Frauen, die einen Flirt suchen, schlendern bewusst durch die bekannten Straßen.

GLOBALER FLIRT

Deutsch:	*flirten*
Englisch:	*to flirt*
Französisch:	*flirter*
Italienisch:	*filare*
Polnisch:	*flirtowac*
Spanisch:	*flirtear*
Irisch:	*sugradh*

PRIORITÄTENLISTE

Eine Umfrage in verschiedenen Ländern, was das Wichtigste beim Sex sei, ergab 1997 folgende Ergebnisse.

Die eigene sexuelle Befriedigung fanden am wichtigsten in:

USA	61 Prozent
Russland	42 Prozent
Spanien	37 Prozent
Italien	31 Prozent
Südafrika	29 Prozent
Deutschland	28 Prozent
Australien	27 Prozent
Kanada	24 Prozent
Frankreich	23 Prozent
Brasilien	22 Prozent
Großbritannien	19 Prozent
Hongkong	19 Prozent
Mexiko	19 Prozent
Thailand	15 Prozent
Polen	12 Prozent

Die Befriedigung des Partners fanden hingegen am wichtigsten:

Kanada	51 Prozent
Mexiko	50 Prozent

Großbritannien	47 Prozent
Italien	46 Prozent
Frankreich	45 Prozent
Australien	42 Prozent
Russland	38 Prozent
Spanien	36 Prozent
Südafrika	34 Prozent
Brasilien	31 Prozent
USA	23 Prozent
Deutschland	22 Prozent
Thailand	18 Prozent
Polen	12 Prozent
Hongkong	9 Prozent

TRANSVESTITEN UND TRAVESTIEKÜNSTLER AUF UND JENSEITS DER BÜHNE

- **Mary** – Georg Preusse
- **Dame Edna** – Barry Humphries
- **Cherubino** – Mezzosopranistin in Mozarts »Hochzeit des Figaro«
- **Oktavian** – Mezzosopranistin im »Rosenkavalier« von Richard Strauss
- **Boy actor** – bei Shakespeare wurden auch die großen Frauenrollen von Männern übernommen, da es erst ab dem 17. Jahrhundert Schauspielerinnen gab
- **Peking-Oper** – bis vor kurzem nur männliche Darsteller, auch für Frauenrollen
- **Kabuki** – japanisches Theater mit bis vor kurzem nur männlichen Darstellern, auch für Frauenrollen
- **Chevalier d'Eon** – im 18. Jahrhundert Diplomat und berühmter Fechter, lebte abwechselnd als Mann oder Frau
- **Edward Hyde, Lord Cornbury** – im 17. Jahrhundert Gouverneur von New York und New Jersey, trug häufig weibliche Kleidung in der Öffentlichkeit
- **Teiresias** – Seher aus der griechischen Mythologie, wechselte zeitweilig das Geschlecht und lebte als Frau, wurde aber als zurückverwandelter Mann blind

WAHRE LIEBE WARTET

Als Mittel, um den Orgasmus beim Mann hinauszuzögern, gilt, dass er oder sie den Penis unten am Ansatz oder weiter oben, direkt unter der Eichel, für einige Sekunden fest zusammendrückt. Der Höhepunkt wird so hinausgezögert – angeblich bei Wiederholung sogar mehrfach.

REIFE LIEBE

Das Sexualverhalten im Alter

Frauen	50–59	60–69	>70
Orgasmus im Schlaf	26 %	24 %	17 %
Sich selbst befriedigen	47 %	37 %	33 %
Häufigkeit der Selbstbefriedigung pro Woche	0,7	0,6	0,7
Sex mit Ehepartner haben	88 %	76 %	65 %
Sex mit Partner pro Woche	1,3	1,0	0,7

Männer	50–59	60–69	>70
Orgasmus im Schlaf	25 %	21 %	17 %
Sich selbst befriedigen	66 %	50 %	43 %
Häufigkeit der Selbstbefriedigung pro Woche	1,2	0,8	0,7
Sex mit Ehepartner haben	87 %	78 %	59 %
Sex mit Partner pro Woche	1,3	1,0	0,6

WELTMEISTERLICH

Der brasilianische Fußballer **José Edmílson Gomes de Moraes**, genannt *Edmílson*, wurde 2002 mit Brasilien Weltmeister. Der 1976 geborene Kicker unterstützt die Initiative »Wahre Liebe Wartet«. Unter diesem Schlagwort finden sich hauptsächlich Jugendliche und junge Erwachsene zusammen, die vor der Ehe keinen Sex haben wollen. Edmílson schreibt: *»Die Sache mit dem Warten kann man gut mit dem Leben* *als Sportler vergleichen. Das Ergebnis unseres Lebens ist die Folge dessen, was wir säen. Betrachtet man eine Sportlerkarriere, dann fällt auf: Niemand steigt auf dem Top-Niveau ein. Man muss wie auf einer Leiter Sprosse um Sprosse erklimmen, um ganz nach oben zu kommen. Genauso ist es mit dem Leben.«*

DIE GLORREICHEN SIEBEN

Die sieben schmutzigen Wörter sind englische Wörter, die im amerikanischen Rundfunk verboten sind und meist mit einem *Piep-Ton* überspielt werden. Da diese Wörter (außer den zusammengesetzten) vier Buchstaben enthalten, werden sie auch *four-letter-words* (Vierbuchstabenwörter) genannt.

shit	(Scheiße)
piss	(Pisse)
fuck	(ficken)
cunt	(Fotze)
cocksucker	(Schwanzlutscher)
motherfucker	(wörtlich: Mutterficker, meint aber Hurensohn)
tits	(Titten)

ORIGINAL MIT UNTERTITELN

Bei den Dreharbeiten des Films »Vier Hochzeiten und ein Todesfall« (engl.: **Four Weddings And A Funeral**), der 1993 in Großbritannien produziert wurde, musste jede Szene, in der das Wort »**fuck**« vorkam, für den US-Markt ein zweites Mal gedreht werden. Dabei musste im Drehbuchtext das F-Wort durch die Wörter »**blimey**« oder »**crumbs**« (*»Mist«*, *»verdammt«* oder *»Herrje«*) ersetzt werden.

VÖGELN FÜR DEN FRIEDEN

Für den Frieden gilt kein Opfer als zu groß. Kalifornische Friedensaktivisten wollten sich deshalb mit einem weltumspannenden Orgasmus für den Weltfrieden einsetzen. Am 22. Dezember 2006 waren Männer und Frauen in aller Welt aufgerufen, am »**Global Orgasm for Peace**«

teilzunehmen. »*Die Kombination von hoch energetischer Orgasmusenergie im Verbund mit friedlichen Gedanken könnte einen noch größeren Effekt haben als frühere Massenmeditationen und Gebete*«, sagten die Aktivisten **Donna Sheehan** und **Paul Reffel**. Das bei San Francisco lebende Paar war schon mit anderen Aktionen aufgefallen. So hatte sich die 76 Jahre alte Sheehan vor Beginn des Irak-Krieges mit anderen Frauen nackt ausgezogen, um mit ihren Körpern das Wort »*Peace*« auf einem Feld in Kalifornien zu bilden. Bei der Orgasmus-Aktion am Tag der Wintersonnenwende sollten die Teilnehmer ihre Gedanken auf den Frieden richten. Dadurch erhofften sich Sheehan und Reffel einen positiven Einfluss auf das »*Energiefeld*« der Erde. Wegen der vielen Zeitzonen konnte das Paar jedoch keinen verbindlichen Zeitpunkt festlegen. Innerhalb von 24 Stunden sollte jeder seinen Beitrag leisten.

DOPPELQUALIFIKATION

Andrea Spee-Keller ~ Gleichstellungsbeauftragte, Bautzen
Christiane Hartmann-Kraatz ~ Gleichstellungsbeauftragte, Berlin
Heidi Degethoff de Campos ~ Frauenbeauftragte, Berlin
Veronika Schmidt-Lentzen ~ Gleichstellungsbeauftragte, Bielefeld
Beate Schmidt-Behlau ~ Beraterin und Trainerin für Menschenrechte, Bonn
Gerhild van Echten-Deckert ~ Gleichstellungsbeauftragte, Bonn
Ruth Große-Brauckmann ~ Gleichstellungsbeauftragte, Bramsche
Sabine Klein-Schonnefeld ~ Antidiskriminierungs-Beraterin und Fortbilderin, Bremen
Ulrike Schmidt-Schladebach ~ Gleichstellungsbeauftragte, Dortmund
Cornelia Höschele-Frank ~ Gleichstellungsstelle, Erlangen
Renate Holub-Gögelein ~ Frauenbeauftragte, Freiburg
Cornelia Hösl-Kulike ~ Beauftragte für Gender Mainstreaming, Freiburg
Edit Kirsch-Auwärter ~ Frauenbeauftragte, Göttingen
Corinna Voigt-Kehlenbeck ~ Gender-Institut, Hamburg
Mechthild Schramme-Haack ~ Gleichstellungsbeauftragte, Hannover
Bettina Schöndorf-Haubold ~ Gleichstellungsbeauftragte, Heidelberg
Madeleine Herren-Oesch ~ Gleichstellungsbeauftragte, Heidelberg
Esther Pape-Schlindwein ~ Gleichstellungsbeauftragte, Karlsruhe
Ilse Hartmann-Tews ~ Gleichstellungskommission, Köln

Agatha Zuchowska-Pflaum ~ Gleichstellungskommission, Köln
Claudia Schöning-Kalender ~ Mannheimer Frauenhaus, Mannheim
Elisabeth Kretschmar-Marx ~ Projekt für Mädchen und junge Frauen, München
Edith Fuchs-Leier ~ Gleichstellungsbeauftragte, München
Ute Schneider-Maxon ~ Gleichstellungskommission, München-Garching
Karin Windheim-Czichon ~ Gleichstellungsbeauftragte, Nordenham
Karin Derichs-Kunstmann ~ Geschlechterforscherin, Recklinghausen
Christa Bauer-Schmidt ~ Gleichstellungsbeauftragte, Rosdorf
Martina Zsack-Möllmann ~ Frauenhaus, Solingen
Ingrid Hotz-Davies ~ Gleichstellungsbeauftragte, Tübingen
Friederike Bleul-Neubert ~ Frauenzentrum Weiberwirtschaft, Voerde
Ursula Bolli-Schaffner ~ Gleichstellungsbeauftragte, Zürich (CH)

DEIN JA

Klemens Schneider hat das Buch *»Von deinem Ja zu mir lebe ich«* herausgegeben. Darin finden sich 38 Trauansprachen für katholische und evangelische Predigten. Um *»sich zunächst in die konkrete Lebenswelt und die besondere Situation der Brautleute und ihrer Festgäste hineinzudenken, ihre Sehnsüchte zu ergründen und diese in das Licht des Evangeliums zu stellen«*, unterscheidet Schneider folgende Zielgruppen für die Trauansprache:

- kirchendistanziert
- eine ganz *»normale«* Hochzeit
- religionsverschieden
- aus dem Leben gegriffen
- wir sind zu dritt
- großer Altersunterschied
- Eheschließung im Alter
- thematisch

MUSIK VERBINDET

Das Standesamt München, das größte in Deutschland, hat sich auf die musikalischen Wünsche von Brautleuten eingestellt. So wird in einigen Trausälen auf einem digitalen Piano live gespielt. Der Preis für die Live-

Musik beträgt 15 Euro. Die Brautleute werden, während sie den Trausaal betreten, beim Eintrag im Heiratsbuch und bei einem eventuellen Ringwechsel bis zum Ende der Trauung und ihrem Auszug musikalisch begleitet. Aus dem Angebot können drei Musikstücke ausgewählt werden. Einige Titel sind mit »CD« gekennzeichnet. Das Münchner Standesamt teilt dazu mit: *»Da diese Musikstücke ihren speziellen Charakter aus der Original-Interpretation oder dem Gesang beziehen, werden sie in den Trausälen CD-unterstützt angeboten.«* Im Angebot sind:

Passend für die Hochzeit zum Einzug bzw. Auszug

Hochzeitsmarsch .... Mendelssohn Bartholdy
Treulich geführt .... Brautlied aus Wagners »Lohengrin«
Zillertaler Hochzeitsmarsch .... Schürzenjäger

Klassik

Ave Maria .... von Schubert oder Bach oder Gouno
Freude, schöner Götterfunken .... Ludwig van Beethoven (9. Sinfonie)
Für Elise .... Ludwig van Beethoven
Gold und Silber .... Strauß-Walzer
Liebestraum .... Franz Liszt
Träumerei .... Robert Schumann
Reich mir die Hand mein, Leben ...... Wolfgang Amadeus Mozart

Aus Filmen und Musicals

As Time Goes By .... »Casablanca«, Louis Armstrong
Can You Feel The Love Tonight .... »König der Löwen«, Elton John (CD)
Everything I Do, I Do It For You .... »Robin Hood«, Brian Adams (CD)
I Will Always Love You .... »Bodygard«, Whitney Houston (CD)
I Will Follow Him .... »Sister Act«
Memories .... »Cats«

My Heart Will Go On	»Titanic« Celine Dion
Schiwago-Melodie	»Dr. Schiwago«,
Summertime	»Porgy and Bess«
True Love	»High Society«,
	Bing Crosby / Grace Kelly
Que' sera'	»Hitchcock« Doris Day

Rop, Rock, romantische, aktuelle und ältere Kompositionen

Alles aus Liebe	Tote Hosen (CD)
All You Need Is Love	Beatles
Ballade pour Adeline	Richard Claiderman
Ein schöner Tag	Lena Valaitis
Everybody Loves Somebody	Dean Martin
Ganz in Weiß	Roy Black
How Deep Is Your Love	BeeGees
Hells Bells	AC/DC (CD)
It Startes With A Kiss	Hot Chocolate (CD)
I Want To Hold Your Hand	Beatles
Knockin' On Heaven´s Door.............	Eric Clapton (CD)
Love And Marriage	Frank Sinatra
Love Me Tender	Elvis Presley
Made In Heaven	Queen (CD)
More Than Words	Extreme (CD)
My Way	Frank Sinatra
One More Night	Phil Collins
Sailing	Rod Stewart
The Power Of Love	Jennifer Rush
What A Wonderful World	Louis Amstrong

Studioaufnahmen, durch Wiedergabefunktion aktiviert

Klavierkonzert in A-Moll, 1. Satz	Robert Schumann
Orgelkonzert Fantasie und Fuge.........	Johann Sebastian Bach
Sinfonie Nr. 40, 1. Satz	Wolfgang Amadeus Mozart

EINE FRAGE DER PIETÄT

Nach den Bombenanschlägen vom 11. September 2001 verzichtete die *Bild-Zeitung* acht Tage lang darauf, ein spärlich bekleidetes Seite-eins-Mädchen zu zeigen. Die erste Halbnackte auf dem Titelbild nach dem Attentat war am 20.9. 2001 das »brasilianische Topmodel« **Luciana**, zwischenzeitig die Gespielin von **Mick Jagger**.

LUDER-LUDER

Im Jahr 2001 verluderte die *Bild-Zeitung* endgültig. Für die Bezeichnungen der Seite-Eins-Mädchen schuf die Redaktion neue Wortkreationen, um die Laszivität der Nackedeis in immer neuen Variationen zu preisen:

Boxen-Luder · Spind-Luder · Dessous-Luder · Bau-Luder · Luder-Luder · Ober-Luder · Party-Blitzlicht-Luder · Teppich-Luder · Queen-Mum der Luder-Liga · Lieblings-Luder · Ur-Luder · Ur-Boxen-Luder

UNABHÄNGIG, ÜBERPARTEILICH

2001 erschienen einige Damen mehrmals als Seite-eins-Mädchen auf der Titelseite der *Bild-Zeitung*. Die Spitzenreiterinnen und die von der *Bild*-Redaktion gewählte Bezeichnung ihrer Tätigkeit:

Katie Price = 26-mal ☒ Ur-Luder, Busenwunder und Lieblingsnackedei
Ariane Sommer = 7-mal ☒ Party-Hüpferin und Lieblings-Luder
Nadja Abd el Farrag = *Naddel* = 6-mal ☒ Fräuleinwunder und Busenwiegerin
Sonya Kraus = 6-mal ☒ TV-Mäuschen und Glücksfee
Ramona Drews = 4-mal ☒ Erotik-Kalendaristin und Sex-Unfallopfer
Jenny Elvers = 4-mal ☒ Queen-Mum der Luder-Liga
Heidi Klum = 3-mal ☒ Super-Model und Super-Super-Model
Pamela Anderson = 2-mal ☒ Hammerblondine und Busenwunder
Gina Wild = **Manuela Schaffrath** = 2-mal ☒ Offenste Blondine
Carmen Electra = 2-mal ☒ Ex-Baywatch-Nixe und Kalender-Girl
Barbara Schöneberger = 2-mal ☒ TV-Moderatorin

Viktoria Skaf = 2-mal ☒ Ex-Playboy-Häschen und Muse
Samantha Fox = 2-mal ☒ Sängerin und Oben-ohne-Model
Mariella Ahrens = 2-mal ☒ Schauspiel-Starlet
Guilia Siegel = 2-mal ☒ Model und Schauspielerin
Jennifer Lopez = 2-mal ☒ Pop-Queen und Po-Queen

AUF WELCHEM STRICH?

Die Herkunft des Begriffes Strich ist unklar: Womöglich geht sie auf die Prostitutionsverordnung Wiens um 1900 zurück. Demnach durften Straßendirnen nur in einem bestimmten Bereich – *»hinter dem Strich«* – am Bordsteinrand stehen. Daher stammt wahrscheinlich auch der Begriff Bordsteinschwalbe. Eine andere Erklärung kommt aus der Jägersprache: Als Strich wird die Linie bezeichnet, auf der balzende männliche Baumschnepfen ihre Bahnen fliegen, um die Aufmerksamkeit der Weibchen zu erregen. Strich heißt in der Jägersprache aber auch die Blutspur, die verwundetes Wild hinter sich herzieht.

SCHOSSHUND

»Das Fräulein Ammer kost allhier, mit Schnick, dem allerliebsten Tier.« Wilhelm Busch hat in *»Die Strafe der Faulheit«* eine Frau gezeichnet, die ihren Hund küsst und wohl mehr von ihm erwartet. Als Schoßhund – historisch: *Punzenlecker* – gelten Tiere, die Frauen nicht nur als Spielgefährten dienen. Aktuelle Beispiele:

YORKSHIRE-TERRIER DAISY (gest. 10/2006) von
Rudolph Moshammer (gest. 1/2005)

CHIHUAHUA TINKERBELL von
Paris Hilton (geb. 2/1981)

DIE WEISSEN PUDEL der
Jacob Sisters (geb. 1944 bis 1948), die seit 1960 von den Hunden begleitet werden. Rudi Carell sagte in einem Interview im SZ-Magazin kurz vor seinem Tod, dass er wegen dieser Pudel auf eine öffentliche Beerdigung verzichten wolle: *»Aus Angst vor den Jacob-Sisters. Mit ihren komischen Pudeln zerstören sie doch jede Atmosphäre. Die waren ja auch bei Moshammer.«*

GUT DING HAT GUT WEIL

»Wahre Liebe Wartet« ist *»eine Bekenntnisinitiative von Jugendlichen, die vor der Ehe keine sexuellen Beziehungen eingehen möchten.«* In Deutschland beteiligen sich nach Aussage der Organisation etwa 10.000 Leute daran, hauptsächlich im Alter zwischen 16 und 20 Jahren. *»Wahre Liebe Wartet«* wurde 1993 in den USA als *»True Love Waits«* gegründet. Gemäß dem Programm von »Wahre Liebe wartet« ist Sexualität etwas, das man nur mit dem Menschen teilen sollte, dem man auch sein *»Ja-Wort«* gegeben hat.

LUSTKNOTEN, AUF DEN PUNKT GEBRACHT

- **A-Punkt:** steht für die englische Bezeichnung *»Anterior Fornix Ero genous Zone«*. Nach Angaben des Gynäkologen Chua Chee Ann aus Malaysia befindet sich der A-Punkt zwischen G-Punkt und Gebärmutterhals. Ein Drittel der Frauen reagiert angeblich auf Stimulation des A-Punktes mit multiplen Orgasmen. Ann fand den A-Punkt nach eigenen Angaben 2003 bei einer *»Untersuchung«* und testete bei weiteren Frauen die Stimulierbarkeit: Mehrere seien spontan zum Orgasmus gekommen.
- **C-Punkt:** der Kitzler, die Klitoris (auch Clitoris geschrieben, daher C-Punkt), gilt als *»Super-Orgasmus-Punkt«*. Der Kitzler ist der wohl bekannteste Erregungshügel und besitzt bis zu 8.000 Nervenendungen. Er ist daher besonders berührungsempfindlich.
- **G-Punkt:** Gräfenberg-Zone, auch G-Zone oder G-Spot genannt. Der G-Punkt ist nach Ernst Gräfenberg benannt, einem deutschen Arzt, der den ominösen Lustknoten 1950 beschrieb. Dem Fachartikel lag die Untersuchung von nur zwölf Frauen zugrunde, von denen fünf angaben, sie *»spürten dort etwas«*. Die Zone liegt angeblich etwa fünf Zentimeter vom Eingang entfernt an der Vorderwand der Scheide. Der G-Punkt wurde immer wieder gesucht, oft vergeblich. *»Der G-Punkt ist eine Art gynäkologisches Ufo«*, sagt der US-Psychologe Terence Hines. *»Nach objektiven Maßstäben ist nichts bewiesen.«*
- **U-Punkt:** Das Gewebe um die weibliche Harnröhrenmündung gilt ebenfalls als leicht erregbar. Die Harnröhre heißt in der Fachsprache Urethra, daher U-Punkt.
- **Prostata feminina:** Im Bereich der G-Zone gelegenes Drüsengewe-

be, das bei sexueller Stimulation einem populären Erregungs-Mythos zufolge Sekrete produzieren und zur weiblichen Ejakulation führen soll – einem mehrschübigen pulsierenden Ausstoß.

TRAU DICH

Standesbeamten werden für die Trauansprachen, die sie halten müssen, verschiedene Textbausteine und Stichwortsammlungen angeboten. Besonders populär sind offenbar:

Die Kombination der Wortentfaltungen »*Beziehung, Liebe, Zuversicht*«. Als Beginn wird vorgeschlagen: »*Sehr verehrtes Brautpaar, Sie sind entschlossen, miteinander die Ehe einzugehen. Drei Säulen stützen den spannungsreichen Bogen des ehelichen Zusammenlebens: die Beziehung zueinander, die gegenseitige Liebe und die unerschütterliche Zuversicht …*«

Die Kombination der Wortentfaltungen »*Partnerschaft, Treue, Erwartungen*«. Als Beginn wird vorgeschlagen: »*Sehr verehrtes Brautpaar, voller Erwartungen sind Sie heute hier im Standesamt erschienen. Sie besiegeln und beurkunden heute durch Ihre Eheschließung Ihre eheliche Partnerschaft. Durch die eheliche Partnerschaft werden Sie aneinander und gegenseitig zugleich Teilhaber …*«

DIE SÜNDIGSTE MEILE DER WELT

EINSAM-IM-HOTEL-TARIFE:
Erotik-Filme in ausgewählten Hotels
rund um die Hamburger Alster kosten:

Hotel Atlantic Kempinski:	13,50 Euro pro Abend, 9 Euro pro Film
Hotel Vier Jahreszeiten:	15,50 Euro pro Abend
Crowne Plaza Hamburg:	12,90 Euro für 24 Stunden
Hamburg Dorint Sofitel:	12,50 Euro für alle Filme von 0 bis 24 Uhr
Grand Elysee Hamburg:	13,50 Euro pro Film
Hamburg Marriott:	15,50 für zwölf Stunden (11–23 Uhr)
Holiday Inn Hamburg:	10,90 Euro pro Film

GIB MIR NAMEN

Aus der »*Dienstanweisung für die Standesbeamten und ihre Aufsichtsbehörden*«, Paragraf 262 Satz 3 zur Vergabe von Vornamen: »*Bezeichnungen, die ihrem Wesen nach keine Vornamen sind, dürfen nicht gewählt werden.*« Damit soll das Wohl des Kindes geschützt werden. Einige Beispiele ungewöhnlicher Namen, die in den vergangenen Jahren zugelassen beziehungsweise nicht gestattet wurden.

Vornamen, die zugelassen wurden

☺ *Adrina* ☺ *Alaska* ☺ *Alisha* ☺ *Apsara* ☺ *Artjom* ☺ *Arwen* ☺ *Bekir* ☺
☺ *Blerti* ☺ *Chenoah* ☺ *Curly* ☺ *Dajanira* ☺ *Diyar* ☺ *Drilona* ☺ *Jamiro* ☺
☺ *Jivan* ☺ *Jeevan* ☺ *Juni* ☺ *Kenia* ☺ *Lestat* ☺ *Liora* ☺ *Luan* ☺ *Manila* ☺
☺ *Meidias* ☺ *Morino* ☺ *Nemo* ☺ *Niccel* ☺ *Nikita* ☺ *Osama/Usama* ☺
☺ *Putri* ☺ *Rahul* ☺ *Rhianna* ☺ *Shaima* ☺ *Shakir* ☺ *Shania* ☺ *Sinovuyo* ☺
☺ *Solea* ☺ *Summer* ☺ *Sunny* ☺ *Timasia* ☺ *Vienna* ☺ *Vredeber* ☺
☺ *Wiglev* ☺ *Zerda* ☺ *Zhara* ☺

Vornamen, denen die Zulassung verweigert wurde

☹ *AJ* ☹ *Amsterdam* ☹ *Baby* ☹ *B'Elanna* ☹ *Cézanne* ☹ *Dresden* ☹
☹ *et omnes sancti* ☹ *Filou v Fischer* ☹ *Fröken* ☹ *Gift* ☹ *Golddust* ☹
☹ *Hoffmann* ☹ *McCoy* ☹ *Memphis* ☹ *Nightingale* ☹ *Nilson* ☹ *O'Neill* ☹
☹ *Picasso* ☹ *Shiatsu* ☹ *Svensson* ☹ *Trenk* ☹ *Tsunami* ☹
☹ *Villa* ☹ *Wiesengrund* ☹

TIERISCHE LUST 1

- **Aale** haben nur einmal in ihrem Leben Sex. Nachdem sie Samen oder Eier abgegeben haben, sterben sie. Kein Wunder, dass sie sich dafür bis zu 18 Jahre Zeit lassen.
- **Albatrosse** leben in monogamen Beziehungen, die bis zu 20 Jahre lang halten. Bis die Vögel über Schnäbeln und gegenseitiges Gefieder-Putzen hinauskommen und sich paaren, lassen sie sich schon mal vier Jahre Zeit.
- **Bonobos, Makaken, Rhesus-Äffchen** und **Paviane** – alles Primaten-Arten – sind bekannt dafür, dass sie auch Analverkehr

mögen. Und wenn es nicht anders geht, dann machen es auch zwei Männchen.

- Weibliche **Anglerfische** sind um ein Vielfaches größer als die Männchen. Treffen die hässlichen Tiefseefische aufeinander, dann heftet sich das Männchen an den Leib des Weibchens und wächst dort fest. Nach einer Weile verbindet sich sein Kreislauf mit dem ihrigen. In manchen Fällen verkümmert das Männchen schließlich so weit, dass nur noch seine Hoden übrig bleiben.
- Die männliche **Beutelmaus** dreht während der Paarungszeit förmlich durch. Die bis zu 50 Gramm schweren Tiere werden zur Kopulationsmaschine. Der Stress, die Aufregung und die körperlichen Strapazen raffen sie dahin. Nach bis zu zwölf Stunden währender Paarung sind die Männchen tot.
- **Bonobos** gelten als Hippies unter den Affen. Die Tiere, die den Schimpansen sehr ähnlich sind und in großen Gruppen leben, haben praktisch den ganzen Tag lang Sex. Im Schnitt hat jeder erwachsene Bonobo einer Gruppe alle 90 Minuten Sex.
- Bei den **Buntbarschen** wächst bei dominanten Männchen, die erfolgreich in Rangkämpfen bestanden haben, der Hoden. Nicht nur das: Auch das Gehirn nimmt an Volumen zu, eine Region im Hypothalamus vergrößert sich. Auch bei männlichen Frettchen schwillt das Hirn parallel zu den Hoden an. Bei einigen Vögeln wurde dieser Zusammenhang ebenfalls festgestellt.
- Bei den australischen Großvögeln, den **Emus**, sind die Weibchen aggressiv und streitsüchtig. Den Männchen, die sich um Brut und Aufzucht des Nachwuchses kümmern müssen, wird dagegen ein sanfteres Wesen nachgesagt.
- Männliche **Stockenten**, die Erpel, gelten als die wüstesten Vergewaltiger im Tierreich. Bisweilen kommen die Weibchen bei den brutalen Übergriffen, bei denen die Erpel zum Teil als Gruppe Gewalt ausüben, sogar ums Leben.
- **Fledermäuse** haben kopfüber Sex. Sie kopulieren, während sie von der Decke herabhängen. Auch bei der Geburt machen es sich die Tiere komplizierter als nötig: Die Weibchen müssen ihren Nachwuchs nach oben gegen die Schwerkraft pressen.
- Der Penis der **Fossas** – einer Schleichkatzenart auf Madagaskar

– ist so lang, dass er dem Kater bis zwischen die Vorderbeine reicht. Außerdem ist die Eichel mit Widerhaken bewehrt.

- Alle **Glühwürmchenarten** – es gibt etwa 2.000 weltweit – leuchten im Dunkeln nur zu dem einen Zweck: einen Partner zu finden. Natürlich leuchtet ein Männchen anders als ein Weibchen.
- Ein **Gorilla**-Penis misst im erigierten Zustand drei Zentimeter. Richtig Lust auf Sex haben die riesigen Menschenaffen auch selten: Ein Gorilla paart sich nur alle paar Jahre. Und dann ist der Spaß meistens schon nach ein paar Sekunden vorbei. Gorillas beschäftigen sich lieber mit anderen Dingen: Essen und Schlafen.
- Bei vielen **Schalentieren**, zum Beispiel dem Hummer, müssen die Weibchen ihren Panzer abwerfen, um sich paaren zu können.
- Im Bereich ihrer Sexualorgane haben **Igel** keine Stachel.
- **Korallen** sind Tiere. In einer einzigen Nacht – bei Vollmond – stoßen riesige Kolonien auf einmal Milliarden und Abermilliarden Keimzellen aus und schicken sie auf Reisen.
- Bei den **Mississippi-Alligatoren** bestimmt die Sonne, ob aus den Eiern Männchen oder Weibchen schlüpfen: Bei 33 Grad Celsius schlüpfen nur Männchen, liegt die Temperatur darunter, entwickeln sich in den Eiern auch Weibchen.
- **Laubenvögel** bauen kunstvolle, aberwitzig ausgeschmückte und an sich völlig sinnlose Lauben. Der einzige Zweck besteht darin, ein Weibchen zu beeindrucken und ihre Gunst zu erwerben.
- 10 Prozent der männlichen **Meerschweinchen** gelten als homosexuell.
- Kein Tier braucht länger bis zur Geschlechtsreife als die **Lederschildkröte**: 25 Jahre.

BEDROHTE ARTEN

Tiere, die wegen angeblich Lust oder Potenz steigernder Wirkung ihrer Körperteile vom Aussterben bedroht sind:

Kragenbären
Nashörner
Saigaantilopen
Schuppentiere
Seepferdchen
Tiger

AUSDAUERSPORT 1

Manche Tiere nehmen sich Zeit für die Liebe, andere bringen den Fortpflanzungsakt schnell hinter sich.

Krokodile	1 Minute
Kängurus	30 Minuten
Giraffen	30 Minuten
Bären	1 Stunde
Fossas	1 Stunde
Nashörner	1 bis 1,5 Stunden
Kröten	bis 10 Stunden
Beutelmäuse	bis 12 Stunden
Präriewühlmäuse	bis 40 Stunden

AUSDAUERSPORT 2

Manche Tiere haben nach einem Akt die Schnauze voll, andere können von der körperlichen Liebe gar nicht genug bekommen.

Stier	bis zu 30 Mal pro Tag
Löwe	30 bis 40 Mal pro Tag
Zobel	30 Mal in 18 Stunden
Widder	bis zu 50 Mal pro Tag
Schimpanse	60 Mal pro Tag

Moorhuhn	bis zu 100 Mal in 12 Stunden
Wanderratte	bis zu 500 Mal in 6 Stunden

TIERISCHE LUST 2

Auch im europäischen Wald ist die Lust zeitlich geregelt. Die Brunftzeiten der Wildtiere:

Rehe	Mitte Juli bis August
Rothirsche	September bis Mitte Oktober
Elche	September
Damhirsche	Oktober
Wildschweine	November
Gämse	November bis Ende Dezember

TIERISCHE LUST 3

Penislängen (erigiert) im Vergleich

Gorilla	3 cm
Orang-Utan	4 cm
Schimpanse	8 cm
Großer Tümmler	45 cm
Tapir	50 cm
Pferd	60 cm
Giraffe	100 cm
Elefant	150 cm
Blauwal	250 cm

COOL BLEIBEN

Der **Coolidge-Effekt** bezeichnet die wachsende Unlust von Männchen, immer wieder mit derselben Partnerin zu kopulieren. Benannt ist dieser Effekt nach dem amerikanischen Präsidenten Calvin Coolidge (1872 bis 1933), von dem folgende Anekdote erzählt wird: Coolidge und seine Frau besuchten einen Bauernhof und beobachteten dabei einen Hahn, der eine Henne besprang. *»Das macht er zwölf Mal am Tag«*, wurde der Präsidentengattin mitgeteilt. Darauf sie: *»Sagen Sie das meinem Mann.«* Als der Präsident davon hörte und ihm gleichzeitig mitgeteilt wurde, dass der Hahn jedes der zwölf Male eine andere Henne besteige, erwiderte er: *»Sagen Sie das meiner Frau.«*

EINIGE BIOGRAFISCHE DETAILS ZU JOHN WAYNE BOBBITT

- Geboren wurde John Wayne Bobbitt am 23. März 1967 in Buffalo im US-Bundesstaat New York.
- Am 18. Juni 1989 heiratete er Lorena Leonor Gallo de Bobbitt.
- Lorena Bobbitt schnitt ihrem schlafenden Gatten am 23. Juni 1993 mit einem Küchenmesser den Penis ab. Sie floh mit dem abgetrennten Glied und schmiss es während der Fahrt aus dem Autofenster.
- Nach aufwendiger Suche gelang es der Polizei, das abgeschnittene Körperteil zu finden, Mediziner nähten John Wayne Bobbitt den Penis erfolgreich wieder an.
- Nach sechs Jahren Ehe wurde das Paar 1995 geschieden.
- Um seine Operation zu finanzieren und um zu beweisen, dass er wieder zu sexuellen Handlungen fähig war, drehte John Wayne Bobbitt Porno-Filme. Insgesamt spielte er in drei Filmen mit: *»John Wayne Bobbitt … Uncut«*, *»Nudes A Poppin' 2«* und *»Frankenpenis«*.
- In *»Frankenpenis«* spielte er ein Wesen, das wie Frankenstein in Mary Shelleys Romanklassiker aus verschiedenen fremden Körperteilen erschaffen worden war.
- 1996 zog er nach Las Vegas und arbeitete in einem Bordell. In dieser Zeit hatte er auch eine Beziehung mit der Pornodarstellerin Taylor Hayes.
- Vom 3. bis zum 26. Februar 2001 war er mit Dotti Brewer verheiratet.
- Am 23. März 2002, dem Geburtstag von Ex-Gattin Lorena, heiratete er Joanna Ferrell.
- John Wayne Bobbitt stand mehrfach wegen des Vorwurfs der häuslichen Gewalt vor Gericht.

- Er arbeitete unter anderem als Barkeeper, Chauffeur, Abschleppwagenfahrer und als Prediger in einer Kirche in Las Vegas.

WURM VERLOREN, WURM GEWONNEN

Die so genannten **Vielborster** (POLYCHAETA) sind eine Klasse der **Ringelwürmer** (ANNELIDA). Die Tiere gelten als urtümlich, leben auf dem Meeresboden und tragen viele Borsten auf dem Körper. Ein räuberischer Wurm dieser Klasse trägt zwei Namen. Zum einen heißt er Eunice aphroditois, zum anderen wurde er auf Bobbitt-Wurm getauft. Der zweite Name gilt als Referenz an die Amerikanerin Lorena Bobbitt, die ihrem schlafenden Mann 1993 mit einem Küchenmesser den Penis abschnitt.

EIN PAAR DETAILS ÜBER KONDOME

- Die ersten halbwegs funktionierenden Kondome wurden aus Schafsdarm hergestellt.
- Kondome tragen ihren Namen der Legende nach wegen des Leibarztes des englischen Königs Karl II. (1630 bis 1685). Dieser hieß Oberst Dr. Condom und fertigte dem Herrscher Verhütungsapparate aus Hammeldärmen an.
- Charles Goodyear, Erfinder der Vulkanisierung von Kautschuk, stellte 1855 das erste Gummi-Kondom her.
- Das erste in Serie produzierte Kondom bestand aus zwei Millimeter starkem Gummi.
- Im ersten Weltkrieg litten vor allem amerikanische Soldaten unter Geschlechtskrankheiten. Anders als Soldaten der britischen, französischen, deutschen Armee wurden sie von ihren Vorgesetzten nicht mit Kondomen versorgt.
- In Europa sind seit 1996 Kondome nach EN 600 normiert. Demnach müssen Präservative mindestens 17 Zentimeter lang und 4,4 bis 5,6 Zentimeter breit sein. Außerdem sind seitdem die Testverfahren geregelt, mit denen überprüft werden muss, ob ein Kondom sicher ist.
- Um das DLF-Gütesiegel (Deutsche Latex Gemeinschaft) zu erhalten, müssen Kondome auf Dichtigkeit geprüft werden, einen Aufblas- und Dehnungstest bestehen und auf mikrobiologische

Reinheit getestet werden.

- In der Schweiz gibt es den »Verein Gütesiegel für Präservative«.
- In Deutschland werden etwa 342 Kondome pro Minute verbraucht. Das entspricht etwa 180 Millionen Stück pro Jahr.
- Umgangssprachlich für Kondom: Fromms, Gummi, Londoner, Lümmeltüte, Nahkampfsocke, Pariser, Präser, Rammelbeutel, Tüte, Überzieher, Verhüterli.
- In der DDR wurden Kondome oft als Mondos oder Gummi-Fuffzscher bezeichnet.

GROSSE POLITIK

Katie Price, *Boxenluder, Reality-TV-Star* und *Nacktmodell*, trat 2001 als Kandidatin bei den Wahlen zum britischen Unterhaus an. Mit ihrem Slogan – *»For a Bigger and Better Future«* – erreichte sie 1,8 Prozent der Stimmen im Wahlkreis Stretford and Urmston. Zu ihren Wahlversprechen zählten Gratis-Brust-Implantate, neue FKK-Strände und das Verbot von Strafzetteln für Falschparker.

DR. SOMMER

Ein gewisser **Dr. Christoph Vollmer** lieferte als Erster Ratschläge in Liebesdingen in der *Bravo*. Die Kolumne hießt »Knigge für Verliebte« und wurde von der Schriftstellerin Marie Louise Fischer betreut.

Seit 1969 beantwortet die **Bravo** im Namen eines *»Dr. Jochen Sommer«* Fragen Jugendlicher zur Sexualität.

Der erste *Doktor Sommer* war der studierte Mediziner, Psychotherapeut und Religionslehrer **Martin Goldstein**. Er blieb es bis 1984.

Seit Beginn der 1970er Jahre beantwortet ein *Dr.-Sommer-Team* Fragen der Jugendlichen.

Martin Goldstein war Autor der Aufklärungsbücher *»Anders als bei Schmetterlingen«* (1967) und *»Lexikon der Sexualität«* (1970).

1972 setzten die staatlichen Jugendschützer zwei **Bravo**-Ausgaben auf den Index, weil darin eine Serie zum Thema Selbstbefriedigung gedruckt war.

Die **Bravo** wurde wegen ihrer großen Bedeutung unter Jugendlichen in den 1970er-Jahren auch »Pickel-Prawda« genannt. Die **Prawda** war die Zeitung der kommunistischen Führung der Sowjetunion.

PAARE, DIE MEHR ALS EINMAL MITEINANDER VERHEIRATET WAREN

Rapstar **Eminem** – mit bürgerlichem Namen *Marshall Bruce Mathers III* – und seine Frau **Kim Mathers** traten bereits zweimal vor den Traualtar und ließen sich auch zweimal wieder scheiden. Die zweite Ehe des Paares wurde 2006 nach nur 82 Tagen geschieden. Das erste Mal heiratete das Paar 1999 und ließ sich im Oktober 2001 scheiden. Die beiden kennen sich noch von der Highschool.

Die Hollywood-Stars **Liz Taylor** und **Richard Burton** heirateten am 15. März 1964 zum ersten Mal. Ihre Ehe hielt bis zum 26. Juni 1974. Der zweite Versuch, eine glückliche Ehe zu führen, währte wesentlich kürzer: vom 10. Oktober 1975 bis zum 1. August 1976. Das Paar spielte zusammen in elf Filmen. Am Set zu *»Kleopatra«* hatten sich die beiden 1961 kennengelernt.

Arthur Stanley Jefferson, alias *Stan Laurel*, Schauspieler, und **Virginia Ruth Rogers**. Die erste Ehe hielt von 1935 bis 1937, das zweite Mal von 1941 bis 1946. Insgesamt war Stan Laurel fünf-mal verheiratet.

DAUEREINSATZ

Die **Arbeitsgemeinschaft Deutscher Rinderzüchter** (ADR) gibt jährlich den Bullen-Einsatz-Bericht heraus. Darin sind die am häufigsten eingesetzten Zuchtbullen verzeichnet. Wichtigste Kategorie: Die Erstbesamung (EB). Diese bezeichnet den Vorgang, wenn ein weibliches Rind zum ersten Mal künstlich mit dem Sperma eines Bullen befruchtet wird. Die zehn zeugungsstärksten Zuchtbullen 2005:

Name	Rasse	Anzahl Erstbesamungen
Laudan	*schwarz-bunte Holstein*	56230
Weinold	*Fleckvieh*	53584
Lexikon	*schwarz-bunte Holstein*	52494
Romel	*Fleckvieh*	50383
Ramos	*schwarz-bunte Holstein*	43711
Humid	*Fleckvieh*	37945
Minister	*schwarz-bunte Holstein*	36473
Sigmo	*Fleckvieh*	32892
Herold	*schwarz-bunte Holstein*	30626
Manager	*schwarz-bunte Holstein*	29939

GLÜCK AUF DEM STRIP

Berühmte Paare, die in **The Little White Wedding Chapel** auf dem sogenannten Strip von Las Vegas geheiratet haben:

Frank Sinatra und Mia Farrow (1966)
Patty Duke und Michael Tell (1970)
Joan Collins und Peter Holm (1985)
Bruce Willis und Demi Moore (1987)
Michael Jordan und Juanita Vanoy (1989)
Steve Austin und Debra Marshall (2000)
Natalie Maines und Adrian Pasdar (2000)
Britney Spears und Jason Allen Alexander (2004)

SCHNELLES GLÜCK

Oscar-Gewinnerin **Renée Zellweger** und der Countrysänger **Kenny Chesney** erlebten im Jahr 2005 Stationen der Liebe, für die andere Paare Jahrzehnte brauchen. Im Januar lernten sie sich kennen, im Mai heirateten sie. Das eheliche Blitzglück verging dann ebenso schnell, wie es gekommen war: Im September ließ sich das Paar scheiden. Eine Liebeskarriere in neun Monaten.

ADRESSEN ZUM GLÜCK

Little White Wedding Chapel
1301 Las Vegas Boulevard South
Las Vegas
Nevada 89104 - USA
Telefon: 1-702-382-5943
Fax: 1-702-382-1865

Little Chapel of the Flowers
1717 Las Vegas Boulevard South
Las Vegas
Nevada 89104 - USA
Telefon: 1-702-735-4331
Fax: 1-702-735-4494

Little Church of the West
4617 Las Vegas Boulevard South
Las Vegas
Nevada 89119 - USA
Telefon. 1-702-739-7971
Fax: 1-702-897-2184

Wee Kirk o' the Heather
231 Las Vegas Boulevard South
Las Vegas
Nevada 89102 - USA
Telefon: 1-702-382-9830

SPRACHSCHÖPFER

- **Leopold Ritter von Sacher-Masoch** (1836 bis 1895) war ein österreichischer Schriftsteller. Er veröffentlichte auch unter den Pseudonymen Charlotte Arand und Zoe von Rodenbach. In seinen Schriften schilderte er triebhaftes Schmerz- und Unterwerfungsverlangen in ästhetischer Weise. Nach Leopold Ritter von Sacher-Masoch ist die Neigung des Masochismus benannt.
- **Donatien Alphonse François, Marquis de Sade** (1740 bis 1814) war ein französischer Adeliger. Er verfasste sowohl philosophische als auch pornografische Schriften. Bekannt wurde er wegen seines skandalträchtigen Lebenswandels. So soll er wie-

derholt – teilweise gemeinsam mit seiner Gattin – junge Prostituierte und Hausangestellte beiderlei Geschlechts missbraucht haben. Auch in seinen Romanen widmete er sich der Lust, anderen Schmerz zuzufügen. Nach Donatien Alphonse François, Marquis de Sade ist die Neigung des Sadismus benannt.

Don Juan (spanisch) oder **Don Giovanni** (italienisch) ist eine der grundlegenden Figuren der europäischen Dichtung. Er gilt als Archetypus des Frauenhelden. Am bekanntesten ist die Darstellung des Don Giovanni als Titelheld in Wolfgang Amadeus Mozarts gleichnamiger Oper, die nach einem Libretto von Lorenzo Da Ponte entstand. Nach Don Juan ist der Don-Juanismus benannt. Die Bezeichnung für einen angeblich krankhaften Geschlechtstrieb des Mannes – entsprechend der Nymphomanie der Frau.

Daniel Gottlob Moritz Schreber (1808 bis 1861) war deutscher Arzt und Hochschullehrer. Ein besonderes Anliegen war ihm die körperliche Ertüchtigung der Stadtjugend, die er vor allem durch die Masturbation gefährdet glaubte. Schreber konstruierte deshalb zahlreiche mechanische Geräte zur Verhinderung der Masturbation. Außerdem empfahl er »gesunde Triebabfuhr« durch Arbeit im Grünen, also in kleinen Gärten. Nach Daniel Gottlob Moritz Schreber wurden nach seinem Tod die Schreber-Gärten benannt.

GANZ VORNE

Die Namen der Seite-eins-Mädchen in der *Bild*-Zeitung vom 2. Januar bis zum 8. Dezember 2006 in der Reihenfolge des Erscheinens (Mehrfachnennungen möglich):

Jessi · Hannah · Susanne · Daniela · Daniela · Dana · Lara · Silke · Marketa · Michelle · Tatjana Gsell · Tatjana Gsell · Tanja · Ina · Christina · Jacqueline Svilarov · Lilly · Sabine · Cindy · Annie · Diana · Manuela · Indira · Susann · Theresa · Nicola · Kelly · Michelle · Natalie · Jasmin · Lian · Tracy Bingham · Idoia · Michaela · Lena · Verena · Janine · Mandy · Nicola · Carmen · Sylvia · Maggie · Jeany · Meike

Jamie
Mandy
Jessica
Melissa
Irina
Annie
Irina
Ilonka
Jessica
Lucy
Uwe
Claudi
Anna
Leilanie
Susi
Steffi
Michelle
Agnieszka
Genia
Martina
Anna
Zoe
Michaela
Charis
Susana
Annette
Michelle
Susann
Ariane
Heidi
Anni
Katja
Susen
Susen
Susen
Susen
Maria
Saskia
Sabrina
Vicky
Charlotte
Alex
Kellie Charlotte
Cindy
Christin
Natasha
Sina
Nancy
Amélie
Triana
Krista
Paulina
Conny
Sophye
Britt Reinecke
Giuliana
Diana
Alena
Alena
Nicole
Cindy
Jerri
Anastasija
Christina
Aguilera
Yvonne
Tina
Marta
Irina
Marisa
Julia
Suela
Janina
Imma
Claudia
Claudia
Claudia Claudia
Annica
Charlotte
Franziska Knuppe
Janine Reinhardt
Andrea
Sina
Daniela
Victoria
Monika
Tanja
Victoria
Sophia
Carla
Jacqueline
Claudia
Jana
Ruth
Danni
Keeley Marieta
Andrea Kempter
Andrea Kempter
Gabriela
Jeannette Nora
Helena
Adelina
Katja
Alexa
Jennifer
Fanny
Adriana
Marie
Jennifer
Luciana
Bianca
Jessica
Lisa
Irene
Maria
Pamela
Marta
Collien Fernandes
Rebecka
Anna und Krisztina
Jenna Jameson
Eva Padberg
Linda
Julia Tera
Isabel Edvardsson
Claudia
Sabrina
Florentina
Marlen
Alexandria
Danni
Anni
Nathalie
Niki
Sarah
Nicola
Britta
Carolin
Melanie
Cassie
Jenny
Kyla
Stefanie
Doreen Keeley
Jenny Winkler
Kyla
Ina
Susann
Milli
Roberta
Susheela
Janina
Ina
Desirée
Nadine
Lisa
Hayley
Victoria
Jessica Stockmann
Gemma
Emily
Emma
Anne
Jule
Anna Ophelia
Silke
Julia
Monica
Nicole
Paula
Natalie
Peach
Kyla
Nikky
Sandra
McKenzie Lee
Laura Houston
Yasmin
Claudia
Martina
Jasmin
Susanne
Tanja
Emma
Sam
Betty
Mary
Laura
Stefanie
Emma
Fernanda
Kate
Stefanie
Nicki
Bianca
Linda
Annabell
Annabell
Daniela
Julia
Keeley
Julia
Lisa

IM ECHTEN LEBEN

Die Berufe der Seite-eins-Mädchen der *Bild*-Zeitung vom 2. Januar bis 8. Dezember 2006 – in der Reihenfolge des Erscheinens (Mehrfachnennungen möglich; nicht immer war ein Beruf angegeben):

Krankenschwester Schauspielschülerin Schauspielerin
Freundin von Boris Becker Studentin Studentin
Sängerin Medien-Kauffrau Logopädin Sängerin
Moderatorin Verkäuferin Schauspielerin Kosmetikerin
Studentin der Ägyptologie Einzelhandelskauffrau
Heilpädagogin Hobby-Schützin Meteorologin
Verkäuferin Arzthelferin Sporttherapeutin
Kosmetikerin Studentin Sportlehrer Sekretärin
Schlagersängerin Studentin Sekretärin Sekretärin
Studentin Jura-Studentin Studentin Mutter
Sport-Studentin Tierpflegerin Tierarzthelferin
Sekretärin SekretärinStudentin Friseur-Lehrling
SekretärinBürokauffrau Designerin Briefträgerin
Floristin Model Satı-Moderatorin Wirtschafts-Ingenieurin
Braut von Italiens National-Torwart Buffon
Callcenter-Mitarbeiterin Literaturstudentin Pop-Star
Hausfrau Bibliothekarin Studentin und Go-go-Tänzerin
Model Studentin Top-Modell Schauspielerin
Jura-Studentin Promoterin Studentin Abiturientin
Studentin N24-Wetterfee Miss Chile Altenpflegerin
Schülerin Immobilien-Maklerin IT-Spezialistin Friseurin
Chef-Sekretärin Miss Venezuela Starmodel Kassiererin
Sekretärin Pantomine Tourismus-Managerin
Viva-Moderatorin Busenfreundinnen Porno-Darstellerin
Top-Model Auszubildende zur Hauswirtschafterin
Schauspielerin Tänzerin Model Kellnerin Ufologin
arbeitslose Malerin Physikstudentin Sekretärin
Arzthelferin Kosmetikerin Meeresbiologin
Modestudentin Ladendetektivin Friseurin Schauspielerin
Erotikmodel Messe-Hostess Archäologie-Studentin
Rechtsanwalts- und Notarfachangestellte

Auszubildende zur Hotelfachfrau
Schwesternschülerin
Volontärin
Ex-Freundin von Michael Stich
Bezirksleiterin einer Supermarktkette
Sportstudentin
Auszubildende zur Gärtnerin
Aushilfsmelkerin
Anästhesie-Schwester
Glamour-Model
Glamour-Girl
Glamour-Girl
Bäckerin
Friseurin
Kosmetikerin
Chemikantin
Kundenberaterin bei einer Direktversicherung
Verkäuferin
Informatik-Kauffrau
Gelernte Anwaltsgehilfin, derzeit Supermarktkassiererin
Nacktmodell und Sportmanagement-Studentin

WICHTIG ZU WISSEN 5

➡ »*Good Will Planing*« ist der Name einer japanischen Partnervermittlung.

➡ Der kalifornische Radiosender **KFYE-FM** sendet nur Lieder, in denen das Wort Sex vorkommt. Bevor Besitzer **Jerry Clifton** den Radiosender kaufte, lief auf der Frequenz ein christliches Bibelprogramm.

➡ **Jenna Jameson** ist die erste Pornodarstellerin, die in **Madame Tussaud's Wachsfiguren-Kabinett** gezeigt wird. Ihre Figur steht in der Tussaud's-Zweigstelle in Las Vegas neben *Playboy*-Gründer **Hugh Heffner**.

➡ Der Darsteller **Ron Jeremy** hält mit 1750 Filmen den Guinness-Rekord für »*Größte Anzahl Auftritte in pornografischen Filmen*«. In der Branche trägt er den Spitznamen »*Hedgehog*« (Igel), da er sich angeblich so eng zusammenrollen kann, dass er in der Lage ist, sich selbst oral zu befriedigen.

➡ Die Pornodarstellerin **Lisa Sparxxx** hatte 2004 bei einer Erotikmesse in Warschau innerhalb eines Tages Sex mit 919 Männern.

➡ Der sächsische Kurfürst und polnische König **August der Starke** war für seine außergewöhnliche Körperkraft bekannt. Der Herrscher zeugte wohl auch außergewöhnlich viele Kinder: Mit wechselnden Kurtisanen und Mätressen soll der Adelige insgesamt 354 Kinder in die Welt gesetzt haben.

➡ **Bartgeier** sind sehr tolerant, was Sex angeht. Am liebsten – so hat ein Forscher entdeckt – treiben sie es zu dritt. Wie die Besetzung dann aussieht, ist kaum zu ermitteln: Das Geschlecht von Bartgeiern lässt sich nur sehr schwer feststellen.

➡ Die weltweit erste Ausstellung zur **Homosexualität** im Tierreich wurde im Oktober 2006 im **Naturkundemuseum von Oslo**, Norwegen, eröffnet.
➡ Die erste **Penis-Transplantation** wurde 2006 in China vorgenommen. 15 Stunden dauerte es, um einem Mann, der sein Glied bei einem Unfall verloren hatte, einen Spender-Penis anzunähen. Die Operation war medizinisch ein Erfolg, doch der Patient bat nach 14 Tagen ausdrücklich darum, das fremde Glied wieder abzuschneiden.
➡ Der Berliner **Bernd Dressler** betreibt eine Trennungsagentur: Wer eine Beziehung beenden möchte und keinen Mut oder keinen Stil hat, kann ihm den Auftrag zum Schlussmachen geben.

WICHTIG ZU WISSEN 6

➼ **Aura seminalis:** Geruch, an dem vermeintlich fortpflanzungsfähige Männer zu erkennen seien.
➼ **Bilitis:** in der griechischen Antike Name einer Kurtisane; empfing Liebesbriefe von der Dichterin **Sappho.**
➼ **Beischlaferschleichung:** bis 1968 in Deutschland unter Strafandrohung, wenn Männer Frauen zum Sex verleiten, indem sie ein Eheversprechen abgeben.
➼ **Affenlieb:** Übertriebenes Fürsorgeverhalten gegenüber Kindern oder Enkeln.
➼ Der **Junggesellenabschied** kommt ursprünglich aus dem antiken Griechenland und wurde von den Freunden eines Spartaners bei dessen Hochzeit veranstaltet.
➼ **Bibergeil** ist das Sekret aus einer Drüse des Nagetiers. Im 19. Jahrhundert galt die wächserne Substanz als bewährtes Mittel gegen Impotenz. Deshalb war der Biber damals in Europa so gut wie ausgerottet.
➼ Es gibt nur zwei Tiere, die zu den Säugetieren zählen und doch Eier zur Fortpflanzung legen: das **Schnabeltier** und der **Ameisenigel.**
➼ **Bonobos** – eine Affenart – lieben Zungenküsse.
➼ Früher war es üblich, schwangeren Frauen **gebratenes Eichhörnchen** zu servieren. Der Verzehr der geschickten Kletterer sollte garantieren, dass die Kinder schwindelfrei würden.
➼ In den 1930er Jahren fing der Jerusalemer Zoologe **Israel Aharoni** in der syrischen Wüste drei Goldhamster. Diese vermehrten sich in rasen-

der Geschwindigkeit und sind die Ahnen aller Goldhamster, die heute weltweit als Haustiere gehalten werden.

WICHTIG ZU WISSEN 7

➲ Von allen Primaten hat der Mensch den längsten **Penis**. Schimpansen tragen hingegen die größten **Hoden**.

➲ Der Begriff **Hormon** leitet sich vom griechischen Wort *»horman«* ab. Dies bedeutet so viel wie »stimulieren« oder »antreiben«.

➲ **Es wie ein Nerz treiben** ist in Kanada ein geflügeltes Wort für rege sexuelle Tätigkeit.

➲ **Sexen** ist ein Begriff aus der Geflügelzucht. Er bezeichnet das Sortieren der Küken nach Geschlecht.

➲ Die chinesische Kaiserin **Wu-Hu** verlangte von allen Offiziellen, die ihren Hof besuchten, sie oral zu befriedigten. Die Herrscherin, die zur Zeit der Tang-Dynastie lebte, hielt dies für eine angebrachte Unterwerfungsgeste.

➲ **Diphallie** ist die Bezeichnung der extrem seltenen Missbildung, wenn ein Junge mit zwei Penissen geboren wird.

➲ Als erste Zeitung versuchte die britische **The Sun** ihre Auflage mit Fotos barbusiger Frauen zu steigern. Das erste Oben-ohne-Bild der *»Page-3-Girls«* erschien am 17. November 1970. Das Mädchen hieß **Stephanie Rahn.**

➲ *»One-away-Friendships«* ist der englische Ausdruck für Männerfreundschaften, die auf einer gemeinsamen sexuellen Erfahrung mit einer Frau beruhen.

➲ **Great Tit** ist das englische Wort für **Kohlmeise**, einer der häufigsten Singvögel Europas.

➲ Die Ehe zwischen Sängerin **Britney Spears** und ihrem Jugendfreund **Jason Alexander** gilt als eine der kürzesten der Pop-Geschichte: Nach 55 Stunden wurde das Glück im Januar 2004 wieder geschieden.

➲ Die **Listspinne** (PISAURA MIRABILIS) wird auch **Brautgeschenkspinne** genannt. Sie wurde 2002 von der Arachnologischen Gesellschaft zur Spinne des Jahres gewählt.

➲ Am 8. März 2006 war die **Bild**-Zeitung besonders originell: Zum Weltfrauentag zierte ein halbnackter Mann die Titelseite: **Uwe** durfte für einen Tag Seite-Eins-Mädchen spielen.

INHALTSVERZEICHNIS

Dr. med. Werner Bartens, geboren 1966, hat Medizin, Geschichte und Germanistik studiert. Er ist verheiratet, hat fünf Kinder und ist u. a. Autor des *Lexikon der Medizin-Irrtümer*. In der Wissenschaftsredaktion der *SZ* gilt er als Experte für den Bereich »Human Interest« (Sex, Übergewicht, Gesundheit).
www.werner-bartens.de

Sebastian Herrmann, geboren 1974, hat Politik, Geschichte und Psychologie studiert. Er war Schlagzeuger der Band *The Vertical Orange Car Crash* und sucht gerade einen Namen für eine neue Musikkapelle. In der Wissenschaftsredaktion der *SZ* gilt er als Frauenversteher, Apfelkistenhochträger und Experte für Beziehungsthemen.